流量黑洞

席卷国内70个新物种爆红逻辑与方法

老　胡◎著

中国铁道出版社有限公司
CHINA RAILWAY PUBLISHING HOUSE CO., LTD.

图书在版编目（CIP）数据

流量黑洞：席卷国内 70 个新物种爆红逻辑与方法 / 老胡著 . — 北京：中国铁道出版社有限公司，2019.9

ISBN 978-7-113-25960-0

Ⅰ. ①流…　Ⅱ. ①老…　Ⅲ. ①品牌营销　Ⅳ. ① F713.3

中国版本图书馆 CIP 数据核字（2019）第 122329 号

书　　名：流量黑洞：席卷国内 70 个新物种爆红逻辑与方法
作　　者：老　胡

责任编辑：马慧君　　编辑部电话：010-51873005
封面设计：刘　莎　　电子信箱：zzmhj1030@163.com
责任校对：王　杰
责任印制：赵星辰

出版发行：中国铁道出版社有限公司（100054,北京市西城区右安门西街 8 号）
网　　址：http：//www.tdpress.com
印　　刷：北京铭成印刷有限公司
版　　次：2019 年 9 月第 1 版　　2019 年 9 月第 1 次印刷
开　　本：880 mm × 1 230 mm　1/32　　印张：9　字数：200 千
书　　号：ISBN 978-7-113-25960-0
定　　价：58.00 元

序

数字时代需要新管理

在我们这个时代，面临的最大挑战来自于信息科技或者也叫数字技术带来的日新月异。不管摩尔定律是否能够精确地描述技术进步的速度，但它已经作为一种表征技术进步速度的代名词从半导体行业向其他领域扩散。技术革新也带来环境、场景、商业等多方面的变化，也正是这样，才推动经济的发展与社会的进步。

作为一名商学院教授，我从事管理教学多年，既有在高等教育领域的教学经验，也有在湖畔这样的新兴企业家学校研讨的经历。在越来越多的接触商业实践的过程中，我发现，当今的商业实践越来越多地超越理论，这也是当前一个不争的事实。当我们回看经典管理理论的产生，脑子里不禁浮现出喜剧大师卓别林在《摩登时代》里的表演画面。是的，泰勒的科学管理就是在工业化大生产的时代背景下产生的。因而，我们通俗地说理论是有边界的，也就是说任何理论、逻辑都有其适应的时间、领域、行业范围。大部分已经形成经典理论的管理学或商学知识基本都是在工业化时代形成的。从产业经济到平台经济，错位竞争、边缘创新、打出来的战略、小组制……这些概念无一不体现着时代变化带来的新经营管理理念。虽然还没有形成系统性的理论，但这些经营管理理念已经为许多经营管理实践者所熟知。

在营销领域，随着数字媒体时代的来临，传统媒体时代的理论、模型、法则都遭遇了边界。从市场的反馈来看，4A广告公司、咨询公司都在逐渐失去往日的光华。营销模型从AIDMA（Attention-Interest-Desire-Memory-Action）到AISAS（Attention-Interest-Search-Action-Share），再到SICAS（Sense-Interest/Interact-Connect/Communicate-Action-Share），吸引用户的注意越来越难，不仅仅要引起兴趣还要互动、链接，才能争取到用户购买价值，更要关注的是用户反复购买所产生的终生价值，以及那些通过分享、推荐吸引更多用户的种子用户、超级用户。

品牌如何塑造品牌？过去，企业从产品、市场定位角度去主观地塑造品牌。而如今，品牌的逻辑也和互联网逻辑一样，需要反向推演，终端决定上游，品牌取决于用户的定义。从流量黑洞抑或是流量磁场的角度来解释，品牌的形象、视觉等要素全部由用户来塑造。你是什么，取决于你吸引、链接了什么样的用户，什么样的用户帮你代言。这就不难解释我们日常也会提及的："淘宝"的女性属性vs"京东"的男性属性，"南抖音、北快手"……

总之，从体验出发，以流量论英雄，采用用户产生内容（UGC）、专业产生内容（PUGC）等手段，将产品重新定义、植入新兴文化、刷新场景的新物种层出不穷。由于新物种更新速度太快，来不及系统性地开展研究，然而人们又迫不及待地需要了解。幸而我们有老胡这样的消费行业品牌观察者，他以第三方的视角去观察、分析品牌。在《流量黑洞》里，我看见了“二次元”“吐槽文化”等新人类文化热词，也有许多品牌希望的“年轻化”“娱乐化”“场景化”。

在本书中我们看到的70个新物种，大多与文化、知识、传播、娱乐、场景有关，而“链接”“体验”成为核心关键词。这些新物种也多是集中在与终端用户最接近的消费领域。对于实践者而言，还有什么比用通俗的语言、清晰的逻辑讲解新的商业创新实例来得更解渴的呢？老胡给系统性地研究流量黑洞开了一个好头，让我们以此为开端，期待下一步更深入的剖析。

混沌大学上海课程中心教授　崔丽丽

2019年4月30日

目　录

第一章
定位已死

01 定位时代的结束，新物种的流量机会在哪里

02 卫龙辣条用视觉告诉我们吃辣条这件事情的格调在哪里

03 困了累了喝什么，消费者买单的是红牛还是东鹏特饮

04 支付宝带我们集福、让我们用花呗，慢慢成了我们生活的一部分

第二章 品牌就是流量的入口

01 瑞幸咖啡的蓝色就是视觉流量的最佳入口

02 答案茶作为茶饮新物种打破了传统茶饮市场的平衡

第三章
连接的意义

01 拼多多3亿用户背后的消费，不只是低价和拼团

02 这些品牌比年轻人的父母还更懂年轻人在想什么

03 不按常理出牌的他们，却留在年轻人的朋友圈

04 连接生活的方方面面，这些情怀行业离你的梦想有多近

05 电梯广告，背后连接着3亿城市人主流的消费生活

第四章

IP 到超级 IP 的流量之路

01 超女与后超女时代，创造 101 如何引爆选秀节目的偶像商业流量

02 抖音红人榜一半海水一半火焰，有流量不一定是 IP

03 《中国有嘻哈》——IP 爆红背后的秘密

04 罗振宇、吴晓波、薛兆丰，知识付费领域的超级流量 IP

05 民谣的夜晚，而我们已不再是那个孤独的少年

第五章
品牌年轻化和娱乐化

01 传统消费品牌如何在流量黑洞时代获得“年轻化”标签

02 有鱼猫粮、李宁国潮、褚橙、音遇，用流量占据年轻人的生活圈

03 一个超级商圈就是一座城，商业生态下的场景流量重构

04 奢侈品牌——好的设计比刻意讨好更受年轻人喜欢

05 品牌好不好玩年轻人说了算，引发社交的圈层流量时代

第六章 场景化的流量消费升级

01 体验为王，喜茶每一家店铺美到让你拍照根本停不下来

02 不知道诊所、网易云音乐——年轻人从不孤独

03 关于吃这件事的流量有多大？这两家公司说了算

04 淘宝造物节背后中国制造的逆袭

05 新场景消费下的年轻人的视听触感，从未停止过迭代更新的步伐

第七章
自媒体时代下的所有行业被重新定义

01 国内女性社群繁荣下的独立经济和不断下沉的励志流量

02 自媒体时代改变了他们，也带来了颠覆性认知革命

03 微商全流量时代的开启，是朋友圈创业的新方向

04 自媒体时代下的在线教育品牌，到底是传道还是解惑

05 靠公众号起家的这些行业KOL，如今陪伴在年轻人的生活里

第一章　定位已死

01 定位时代的结束，新物种的流量机会在哪里

品牌流量环境

2007年以来，国内电商快速崛起，由于缺乏准备、缺少创新，传统行业面临着严峻的挑战，很多企业纷纷倒下。对于缺少庞大资金用于广告业务而创立品牌效应的普通创业者来说，这绝对是一次千载难逢的创业良机。

早期的品牌营销，因为传播途径的单一化，能够被大家知道的渠道更多的是电视媒体、广播媒体和传统纸媒。这也就造就了曾经家喻户晓的央视标王，可是如今消费者认识品牌的途径多样化，对于很多的95后、00后来说很少打开电视机，他们更多的是通过手机获得消息。过去的定位是从品类去思考，通过品牌去表达，消费者首先考虑要买什么，然后通过品牌找到它。所以我们听到了太多品类第一的品牌，诸如困了累了喝红牛、中国每卖10罐凉茶7罐加多宝之类的广告宣传。

如今，随着消费升级，很多年轻人追求消费的个性化。年轻消费者追求的是个性，是定制的生活方式，品牌在市场的口碑靠的是流量。

流量的影响力大于品牌的影响力，所以你是引导者或者第一不太重要，曾经的消费领导品牌如今也想被消费者领导。之前商业时代里，因为信息不对称，大家关注点在“品质”，那个时候的羊群效应比较明显；如今，一个品牌花好几个亿就为了一句广告语的时代开始褪去，年轻的消费者越来越不在乎这个第一的权重性，越是第一可能越不想购买，为什么呢？因为第一代表着普遍性，代表着失去独特体验和出众的个性。

2015年，国内自媒体社群遍地开花，2017年全网定制化产品大量涌现。带来一批自带流量的KOL（关键意见领袖，Key Opinion Leader，简称KOL），一时间各大平台诸如千聊、喜马拉雅等知识付费平台课程一波又一波，自媒体让知识重新通过流量有了新的诠释。所以，50年前的“定位理论”不断遭到不同行业从业者的质疑，到底定位对于品牌还有没有用？

流量黑洞理论

20世纪70年代，营销专家里斯和特劳特认为，定位要从一个产品开始，产品可能是一种商品、一项服务、一个机构甚至是一个人，也许就是你自己，这就是营销上对于定位理论最直接的定义。

相比传统营销上的定位理论的万金油作用，对于如今消费市场，品牌定位没有过去那么有用。过去认为“小米就是手机”，如今用流量思维如何解释呢？

手机只是小米进入市场被大家认知的一个产品流量入口，有了这个流量入口小米可以形成非常大的流量现象，这种现象其实就是流量黑洞。虽然后面出来的小米充电宝、小米手环、小米电视等一堆产品并不太被购买人群记住，可是你会发现去小米线下店体验的用户多于其他手机品牌，这其实就是流量磁场带来的，这一点看全国各地的Apple Store专卖店就知道，这些都很好印证了流量黑洞理论。

那么到底什么是流量黑洞理论呢？

流量黑洞指的是每个品牌在传播的途径和环节中存在着不被看见的流量第三空间，它所形成的流量速度之快，对于品牌传播达到矩阵飓风级别，其本质特征就是“连接性”。流量黑洞是品牌与用户之间连接最直接的去中心化方式，它所有传播环节极简到“聚集—爆发—再聚集—再爆发”的循环模式。

简单说，就是过去是品牌给用户画像，如今是用户给品牌塑造形象，在流量黑洞理论里没有绝对的行业第一，无论是连接还是场景化下的品牌，流量黑洞是其内在本质，外在表现形式就是品牌形象和视觉呈现，这些所产生的逻辑是需要流量黑洞去支撑。

流量黑洞有两个非常重要的特性，就是连接性和吸附性。

连接性是流量黑洞最本质的特征，表现在可以连接一切可以连接的场景、品牌和空间，无论是个人IP还是独特的场景，抑或是一种现象，都能够在流量黑洞的连接下传递给用户。例如，我们现在使用频率比较高的“微信”，就具备连接的特性，所以它其实就是一种拥有流量黑洞现象的产品，它的连接性远远超出我们的想象。

吸附性在流量黑洞里最直接表现就是用户高黏合性，这个其实比较好理解。最近比较火的一款短视频APP“抖音”就是符合流量黑洞第二特性的，因为具备高黏合性，从用户角度就是非常有魔性，用的时候觉得时间很快，不用又觉得缺失点什么，流量黑洞还会把其他品牌的流量吸附过来形成自己新的流量，这些新的流量被流量黑洞吞噬后，形成更为强大的流量中心。

对于品牌来说，并不是拥有流量黑洞就是安全的，也有不少拥有流量黑洞的品牌因为其他原因导致品牌解体的，比如因为押金问题惹祸上身的OFO。在OFO小黄车衰败的时候很多媒体在唱衰共享经济，认为共享经济是伪需求。其实共享经济也并不一定是伪需求，只是OFO小黄车在品牌发展当中没有遵循商业规律而导致尴尬的局面出现。对比摩拜单车就知道，摩拜单车选择合适的时机出售自己的品牌，让更合适的人去孵化它，使之成为更大的品牌。

流量黑洞不会一直存在，引起它衰败的最直接原因就是连接脱节，用流量黑洞的思维理解，就是品牌在大消费环境发生改变的时候没有连接到匹配的空间，导致原本的流量黑洞无法迭代更新从而衰败消失，这也是传统意义上说的“品牌转型失败”。因为连接的脱节，没有新流量的孕育，在新的消费行为市场自然不会有很好的用户感知。

流量黑洞现象

Apple每年的发布会都会成为很好的商业案例，因为乔布斯已经把Apple这个品牌流量化，每一场发布会的产品都是触发Apple这个品牌流量的扳机，对于Apple粉丝来说，每一场Apple的发布会都是承载了他们对喜欢的Apple产品的期待。当然我们对于鲸鱼电视、罗辑思维跨年的期待也是一样的，希望能带来惊喜。这些打破了传统的商业，因为流量而成为新的商业方式，这是一种让人惊喜的流量黑洞现象。

Apple只是众多的流量黑洞现象之一，那么到底什么是流量黑洞现象？所谓流量黑洞现象，指的是流量聚集区域，出现某个因为流量引发传播的聚集效应事件，从线上到线下形成大范围的讨论和关注。

支付宝的锦鲤事件就是一个典型的流量黑洞现象。2018年国庆期间，支付宝联合200个品牌策划了一个抽奖活动，让参与者转发微博，然后抽取一个人——“中国锦鲤”，获得“中国锦鲤全球免单大礼包”。最后这个幸运的“锦鲤”落到了支付宝自己的工程师身上，“信小呆”是她的微博ID的名称，因为这条微博，“信小呆”的个人账号一夜之间涨粉71万，没有花费任何成本。

微博也因为这个转发活动再次被年轻人关注。活动上线6个小时转发已经破百万，其他平台也纷纷报道，所有流量叠加起来，总共有近2亿次级别的流量曝光，活动结束后近一个月还在微博热搜榜上，可见流量黑洞的长尾效应之强大。

支付宝这次锦鲤活动的形式并不是创新的，很多品牌比如天猫之前也做过类的转发活动，可是和支付宝这一次锦鲤活动相比，他们的效果就一般了，原因无非以下几点。

1）没有强预热和背后资源支持

支付宝这一次锦鲤活动提前做了很多准备，从微博转发的大号就能看出这是一次精心策划的活动，而不是如一些媒体所言“支付宝锦鲤是偶然爆红事件”，因为转发这次活动的大号都是经过微博官方机构认证的，转发行为统一化、语言表情佛性化、转发队列整齐化，可以看出支付宝官方是和这些转发的大号之间有资源互助共连的关系，这种行为在自媒体比较常见。

2）奖品不够诱人

在活动推出一个小时后，支付宝官方把各大赞助商家的礼物清单发出来，震撼网络，光看完这个清单都最少需要3分钟。

如果仔细观察支付宝这一次的豪华礼包，就会发现大部分商品都不是国内的品牌，而是来自海外，这个和支付宝开拓海外教育市场行为有关。从2018年7月开始，支付宝微博都是和海外相关的内容，其中《商务中文50句》被众多年轻人转发。

新物种的机会

支付宝锦鲤只是众多新商业模式衍生出来的一个新物种而已，我们需要思考在流量黑洞现象下的新物种到底是什么？相对于传统的商业模式来说，它给我们带来了什么？

新物种其实就是过去传统复杂商业模式的简单版，它相比过去的商业体系，组织形式更小、结构框架更轻便、连接方式更透明、爆发更快速，它就是流量黑洞在新消费升级时代的外在表现。

新物种给人感觉表面是新的，其实内部的模式和传统的商业模式差不多，即拥有的“骨骼”相差不大，但是从格局上相比，新物种品牌更加轻便，对于传统的商业来说这是最为痛苦和不敢逾越的。在新物种时代之前的经验都不可借鉴，所有的逻辑看似对的都有不可承担的后果，对与不对的边界在如今的新物种时代似乎没有那么重要。

新物种的最大特征就是重新定义。如贝壳找房就是重新定义了“新居住”，它是链家这个品牌去中心化的一个必然产物，打破了房产经纪人孤岛的概念，改善了房产行业假房源信息和看房时间的不便利，所以年轻人在租房时候更喜欢用贝壳找房。

抖音也是重新定义了短视频的玩法，在此之前的美拍、西瓜视频、火山小视频、小咖秀等都是在小范围内传播，抖音改变了这种状况。

在抖音这个平台，任何一个平凡的人都有可能被其他人发现，没有粉丝但可以进入随机的流量池，这也是很多人玩抖音的最大动力，因为你永远不知道下一个发现你的粉丝在哪里。抖音的底层营销逻辑：开屏+信息流+ PGC（专业生产内容，Professional Generated Content，简称PGC）+UGC（用户原创内容，User Generated Content，简称UGC），在整个创意的玩法上抖音既照顾到用户方面的体验，又巧妙地帮助品牌实现流量导向。

言几又书店是一家新消费形式下诞生的书店新物种，2008年在全国众多书店倒闭寒潮中异军突起，它的前身是“今日阅读”书店，是从成都发展到全国的最不像书店的书店，店内最大利润并不是图书销售带来的，店内七成空间留给了创意生活产品和咖啡饮品。一家线下书店如果单纯卖书，在折扣方面根本拼不过线上的京东和当当等。言几又书店靠着让读者从简单买书到知识体验的转变，完美地从一家书店转型成一个新物种——文化空间，这个蜕变的过程就是消费升级下文化不断去引领新的生活。言几又既不是一家书店也不是一个卖场，它是一个阅读体验空间，图书不是销售的核心却能够给书店销售带来一波又一波的新流量。一家书店连接了一座城市一群人的生活，通过互联网获得的品牌流量得到了新的诠释。

重构流量空间

看似没有机会的红海，却用反经验的方式颠覆之前传统经验，重新构建了新的经验框架，看似不循规蹈矩的行为却撬动出新的商业蓝海，用相反的方向洞察出消费时代用户的信任点，进而形成购买力，很多时候不符合常规逻辑的往往就是一个新的机会点，慢慢形成流量黑洞。

国内心理学领域的反逻辑品牌——心理博物馆就开创了常规心理学之外的蓝海。心理博物馆是一家诞生在深圳的心理学品牌，50期的沙龙课程完全通过“活动行”平台推广，靠自然流量完成了第一批用户积累，有了一波忠实粉丝。在做心理学普及上，“心理博物馆”创始人Bickey就颠覆了传统心理学的普及方式，采取年轻人更为接受的、更有趣的方式把生活里一个又一个现象用心理学知识去解释，在众多的心理学流派中，Bickey的个体心理学得到一批年轻人的拥护。

在所有行业边界越来越模糊的今天，很多东西都会被重构，与用户真正有效地连接成了所有品牌关注的核心。在个人流量不断崛起的这两年，更多的KOL关注是如何在短时间汇成头部的核心，能够通过流量在各大平台和媒体进行造势，能够在造势以后带来高效的连接。

腾讯布局线下的永辉超市，阿里布局线下的“盒马鲜生”，它们都属于新零售模式下的商超新物种、自带流量的线下品牌，他们做的就是“年轻人喜欢的商超店”。一些超级物种配送是用无人机，也算是用黑科技打造新鲜感与科技感的交付场景，能够吸引一批喜欢尝鲜的年轻消费者。

影响和改变我们、使我们生活更便利的那些新物种，在流量黑洞的支撑下不断通过新的场景方式获得我们的认可和使用，其实每一次的认同都是一次有效的连接。我们的生活从未如此的快捷便利，这一切都得益于流量黑洞的存在。或许接下来的七章里面的70个新物种，会让你觉得熟悉而又陌生。希望通过这70个不同领域的新物种的分享，为大家带来一点点启发，也算是对近两年消费领域的一次小小的总结。

02 卫龙辣条用视觉告诉我们吃辣条这件事情的格调在哪里

自黑是一种流量

如果说杜蕾斯营造了每个营销热点的持续关注度，那么卫龙辣条则是通过自黑的方式得到更多有趣用户的关注。

2016年6月8日，卫龙辣条的天猫旗舰店被网友黑了，光这个点就足够惊悚的，天猫如此不堪一击吗？让众多吃瓜群众内心有了一丝丝的惶恐和不安。

“凭什么不给我发货”血红涂鸦的字占满整个卫龙天猫旗舰店的首页，满满的电影黑社会追债的惊悚气氛。在各种猜疑声的烘托下，在看热闹不嫌事大的围观的群众的关注下，卫龙官方只给出一句“具体原因正在排查中”，似乎想息事宁人。网友对这件事的关注，使得这么一句看似很官方的话语，当天有3000多微博的转发。

到中午12：00卫龙官方再次发布微博，内容大致是：卫龙天猫旗舰店已经恢复正常。可是这样的内容根本压不住一堆吃瓜群众的好奇心，在大量粉丝留言质问下，卫龙官方在13：00终于公布这起被黑事件背后的“真相”。

原来是一位名叫“大魔王”的买家（看这名字就知道离火焰山不远），要求卫龙天猫旗舰店的客服发货到“新疆塔克拉玛干沙漠77号官邸第32棵白杨树”，这把卫龙店小二弄得一头雾水，没有发货，才导致这起被黑事件。

“真相”公布后一个小时，卫龙旗舰店再次被黑，首页全部变成一堆表情包。

接着马上就有网友在微博发起了话题“卫龙辣条被黑了”，整个话题在微博的讨论和热搜超过当天热点话题“高考”。之后卫龙官方写了一封道歉信，表明这其实是一场搞笑的营销。

然后接下来的六天，卫龙官方微博每天发布一条线索，让粉丝们猜一猜“卫龙接下来要干什么”，可是由于持续时间过长，并未引来更多的讨论与流量，因为这样考验用户耐心的营销其实并不讨巧。从现在来看，那段时间里卫龙的营销最后都落脚到“6.18”年中促销活动上，这一切都是为其做的铺垫。

自黑既是一种境界，也是一种沟通方式。自我解嘲的同时也是一种压力下的自我释放和治疗。在娱乐圈，当汹涌的恶意和嘲笑如潮水般袭来，那些具有娱乐精神的明星勇敢自黑，反败为胜，由黑变红。

卫龙被黑这个营销事件上依旧脱离不了“流量黑洞”，由一开始被黑吸引第一批用户的关注，这是最开始的流量积累，进而第二次被黑产生大量质疑和微博转发，这是流量黑洞爆发的第一次时机，当然随着卫龙官方承认这其实是一场搞笑的营销，这样的“坦诚”，显示出品牌也是够真实，使得自嘲和营销带来的流量二次叠加，引爆流量。当天卫龙事件微博话题的设置，是激发整个流量黑洞进行连接的最合适的方式。

有趣是年轻品牌流量的核心

相比被人黑，自黑带来的流量是比较正向的。不是所有的产品都适合自黑，然而自黑对于卫龙这样一贯带着"有趣"流量中心走天下的品牌来说是最合适不过的。对于年轻用户来说，没有什么比"有趣"能吸引他们，"有趣"是他们目前在消费领域选择品牌的一个主要标准，因为好玩有趣才能引起他们的关注，进而来买你的产品，接着带动他们周边朋友来关注你，所以自黑本身也是卫龙拉近与年轻用户距离的一个比较快捷的方式。

大多数年轻人都喜欢追求有趣的东西，或者说"有趣"是这部分年轻人寻找品牌的核心诉求之一。对于卫龙辣条来说，能够成为零售行业的一个奇迹，能够从一个传统企业转变成竞争对手模仿的网红品牌，每一次营销都玩得让人刮目相看，不得不说所有卫龙辣条流量核心就是"有趣"。

因为卫龙辣条深知他们的用户在哪里，所以当你看到一个二次元的女孩背后背着一捆卫龙辣条，不会觉得太奇怪反而觉得有趣，当然对于卫龙出辣条粽子这件事情，我相信年轻人会觉得卫龙越来越有趣了。

卫龙在端午节为粽子注入了网红基因，有趣的卫龙粽子号称粽子界的黑暗料理。有一款卫龙粽子叫"魔芋辣条肉粽"，糯米的饱满加上肉质的嚼劲，再添上来自四川的辣椒和卫龙的爆品魔芋，一口吃下，味蕾经过了多次冲击。我相信喜欢重口味的年轻人不再觉得只有吃火锅才会爽，端午节来个卫龙粽子也是不错的选择。粽子不再是只有甜的和咸的两种味道，在吃腻了传统粽子的年轻人中间卫龙粽子也很有市场。

升级认知让有趣更有趣

2017年6月15日，卫龙官方发布“卫龙传奇霸业”游戏上线的消息，其实早在两天前卫龙官方微博就发布过一条进军游戏行业的相关内容，可是当网友选择进入这样所谓的革新版的手游时，却发现这其实是一款H5页游（HTML5网页游戏），然后大量网友吐槽“被卫龙忽悠”，这样的情绪被大量转发，看似不好背后隐含的是关注和支持，卫龙就是这样通过看似不正经的方式与年轻人进行了连接。

从最传统的卫龙经典回忆包装到之后与暴走漫画合作后新的包装设计，卫龙得到一票年轻粉丝的关注和追捧，因为这群粉丝比较偏好新奇，二次元，接受新鲜事，高度互联网。现在部分初中生和高中生认为暴走漫画的王尼玛就是真实的自己，对于卫龙辣条来说，这个方向是对的。

你觉得玩个二次元跨界就是卫龙辣条的野心吗？你错了，那只是卫龙在有趣这条不归路上的开始而已。在iPhone 6s上市之初，卫龙设计了一组“苹果”风格的海报，刷遍了年轻人的朋友圈，一个辣条被卫龙叫成Hotstrip，弄了一个二代产品发布，而且还按照苹果的配置比例把辣条的“格调”推到了顶峰。一个辣条的营销成分表，让很多年轻人觉得之前白吃了那么多辣条，原来辣条还有那么多营养配比。卫龙辣条在升级认知方面算是厉害的，年轻人会反思：真不知道这么多年我们小时候错过了多少根这样的辣条？

熟悉苹果品牌的人都知道苹果除了iPhone这个产品还有iPad，卫龙辣条也有一个Mini辣条版，这一次苹果风格包装设计使卫龙从屌丝关注的辣条，一下升级成了有趣的零食。

这个线上苹果风包装设计并不是最让年轻小伙伴们惊讶的，更夸张的是2016年10月15日卫龙官方发出“开包卫龙，庆祝一下”的微博，竟然有一家和苹果装修风格近似的卫龙辣条线下店，还有美女陪着试吃，看到这个我觉得我都想买包辣条来冷静冷静。后来和卫龙官方确认，这其实是卫龙参加福州秋季展会时的展位，并非网络传说的卫龙线下店铺，不过这些不重要，因为这个漂亮的苹果风的展位，又一堆美照刷屏了年轻人的朋友圈。

差异化创新是流量黑洞背后的逻辑

在卫龙做辣条之前，年轻人对于辣条的印象还是停留在那种摆在学校门口的几毛钱的三无产品上，对于辣条这个品类想做很多文章似乎也不太可能，然而卫龙利用差异化创新使品牌上升到新的台阶。

1）产品差异化

在口味方面，传统辣条基本都是辣和咸，而卫龙辣条提出“甜辣”的概念，当然随后的产品如豆皮、藕片、土豆片等都在这个“甜辣”口味上进行了延续。

在食品安全方面，卫龙辣条引进了自动包装车间，整个生产实现了全自动无菌化，避免了人工手动包装可能出现的二次污染。而让暴走漫画的红人张全蛋网络直播卫龙产品生产的整个过程，不仅使“卫龙辣条是小作坊”的不实传言不攻自破，也成功解决了用户对于辣条食品安全问题的担忧。很多餐饮品牌现在都通过监控视频让用餐客户查看后厨的一切举动，这种透明化本身就是品牌流量进步最直接的表现。

2）营销差异化

如果说产品差异化只是一个基础的话，那么在2017年“双十一”卫龙辣条的表现就更是颠覆了很多食品行业的宣传认知，因为从来没有一个食品行业从业者这样去宣传自己的食品，只有卫龙辣条敢这么做。

在2017年“双十一”的时候卫龙辣条推出魔性的1.8米的辣条行业的“一柱擎天”，还邀请一位看似专家的“专家”对于这根1.8米的辣条进行了鉴定。用文物鉴定的流程，以专业人士的口吻从辣条的外形、口味、形状、色泽、配比、营养、禁忌等多方面进行“文物式”评论，还制作了一个购物台，以鉴评的形式卖辣条。看似一本正经，实际上却是胡说八道，卫龙辣条通过这样自我嘲讽的手段，得到众多年轻网友的关注和购买。专家的金句“每年11月上旬之后，适合低价买入”让年轻人觉得辣条营销不再是买和卖那么枯燥的商业行为。

在这一次“双十一”卫龙辣条天猫店的整个销售额高达836万，可见不走寻常路的差异化创新对于流量的激发是多么重要，在大家都在为突破销售额绞尽脑汁的时候，卫龙辣条却在差异和创新的路上玩得越来越高明。

如果“双十一”卫龙的鉴定辣条活动让你觉得很有意思，那么接下来的“双十二”则会让你震撼。这一次卫龙辣条让自己化身成为时尚博主，开始和年轻人讨论如何通过碎花元素立足时尚圈。这个创意灵感来自某位明星走戛纳红毯的流量事件，卫龙辣条又一次一本正经地胡说八道起来，很多年轻人愿意听卫龙辣条这样表达观点，这似乎说出他们内心想表达的。

我们能理解卫龙辣条的差异化创新，毕竟在淘宝这样海量信息的市场里，想去吸引众多随机流量形成购买力，只是一个标题和关键词已经不能帮助品牌形成流量黑洞，即使通过关键词搜索把排名做起来，你也会发现销量可能不会有实质性增长。

3）包装设计差异化

卫龙辣条的设计视觉差异比较明显。在过去，销售辣条的淘宝店的摆图设计基本都是对产品本身的拍摄。就在写这篇文章的时候刚好是腊八，打开卫龙辣条的天猫店发现，卫龙旗舰店主图运用了中国民间财神元素，然后用年轻人喜欢的语言表达“喜提辣条”，让年轻人觉得购买辣条本身也是一件有趣的事情。

2017年“双十二”，东北碎花元素被卫龙辣条设计成套装、连体裤、鞋子、包包、披肩、袜子等和穿戴有关系的物件，搭配起来确实还有那么一点时尚的感觉，让人不由得想起那句震惊世界的口号“民族的就是世界的”。

时尚其实一直为年轻人所追捧，很多品牌都在这个方向做相当多的文章，当然也有年轻人并不买单的时候，他们觉得这只是品牌的自嗨。而卫龙辣条这一次的时尚表达年轻人很买单，因为卫龙把看似调性不太符合的元素变得时尚起来，底层的流量黑洞逻辑“民族的特产通过时尚流量焕发新的面貌”，这样流量的激发是比较巧妙的，因为民族的流量认知在很多人内心是存在的，只是缺乏一把激发的钥匙。它可以很传统也可以很时尚，折射出不是每一次时尚都需要外国模特的差异化来表达。卫龙辣条的表达力度刚刚好，与当下的年轻元素重叠，得到年轻人的关注并形成了二次传播和购买。

产品品类差异化是卫龙辣条一直遵循的，流量初期可以靠单品爆单，后期还是需要有其他品类产品来延续和承接流量，否则就会出现流量转化率低、后续复购率更低的现象。

对于一年可以卖出100亿包辣条的卫龙来说，这些读了小学、初中到高中的孩子们，他们吃的一包又一包的卫龙辣条，已经不单纯是食品了，他们吃的是自己的青春记忆。而卫龙辣条每一次营销的升级，也是流量黑洞新的连接。

对于很多快速消费品行业的同行来说，推陈出新的包装设计只是吸引年轻流量的表面，实质是产品能否激发年轻人购买。你们可以通过卫龙辣条的一些流量玩法去想一想自己的产品，除了包装设计之外的年轻化玩法，是否有相互重合的地方呢？

03 困了累了喝什么，消费者买单的是红牛还是东鹏特饮

功能饮料品牌没有永远的老大

国内功能饮料品牌，能够被大家知道的有：红牛、东鹏特饮、黑卡6小时、乐虎、启力、脉动等，而从品牌传播和美誉度来说，红牛和东鹏特饮更为人熟知。对于功能饮料来说，没有一个品牌可以一直称霸市场，毕竟消费者的口味是不断变化的，对功能饮料需求也在变化，功能饮料品牌很难迅速适应消费环境的变化。

红牛功能饮料源于泰国，1995年来到中国。目前，红牛饮料是国内功能饮料市场里的领跑者，它的目标客户是汽车司机、夜场工作人员、熬夜加班人士和青少年运动爱好者。

由于国内品牌健力宝的衰败，红牛得到了很好的发展时机。替代品里可乐品牌相对于提神醒脑的诉求比较弱，而红牛功能饮料就利用这一点，积累了需要提神醒脑的消费群体。

在当时的营销环境下，红牛提出的“困了累了喝红牛”的定位是合理的，因为那个时候能够吸引用户的同类产品并不多，红牛采用本土化的营销定位，一直赞助体育赛事，比如众所周知的F1赛事就

是红牛赞助的。红牛通过赞助体育赛事向热爱运动的群体表达他们品牌内涵、品牌文化和能量活力，同时也在慢慢积淀一批品牌的忠实粉丝。

市场是不断发展和变化的，而红牛并没有随之改变，依旧是原来的味道，依旧是原来的包装，依旧是原来的诉求。在红牛作为功能饮料引导品牌8年后，从2003开始相继出现了脉动、尖叫、激活和佳得乐等运动型饮料，这些品牌作为功能饮料后起之秀，产品诉求方向和红牛近似，但价格比红牛低，产品包装也比红牛时尚，在流量相割后让红牛流失了部分流量。在众多品牌的激烈争夺下，红牛出现流量连续下滑，整体销量也持续走低的情况。

从用户群体来说，司机和中学生是红牛最大的用户群体，而红牛赞助的群体更多的是大学生，品牌传达上出现了不一致，这也是销量下滑的一个原因。

从定位来说，红牛早期定位“困了累了喝红牛”，可是在用户实际运用场景真是这样吗？更多的用户是在困之前累之前就喝红牛，并不是在已经困了累了的时候才想起喝。这样的品牌广告诉求看似合理，可是用户的实际使用场景却会提前，预设和用户使用不一致的情况会在一定程度上影响整体流量的蓄积。

从包装设计上来说，在年轻群体用户中，红牛的包装并不占优势，从上市到如今都没有改变包装设计风格，这也是其他后起的功能饮料品牌能够让年轻群体关注并产生购买的原因之一，因为它们迎合了当下年轻人的诉求：个性、时尚、自我。

激发能量，红牛营销借势流量

在低迷的销售状态下，红牛品牌开始转变策略，启动新的产品定位："你的能量超乎你想象"，开始从功能诉求转变成为生活方式诉求，因为红牛品牌方也意识到单纯强调产品的功能性诉求，用户并不领情。

1）借势音乐，传递流量

作为一个功能饮料品牌，红牛在自我感召力和影响力方面的定位还是非常精准的，其独特的"红牛+"营销模式得到了众多年轻消费者的认可和支持，在打破常规方式与破除普通音乐眼界上，红牛确实成了连接这些音乐营销事件的关键点，像逃跑计划、反光镜乐队等一批优秀的原创音乐人都是通过红牛音乐计划得到了成长，而在这个过程当中红牛的流量在用户心中慢慢变得不可取代。

从2007年开始，红牛一直赞助不插电演唱会，红牛不插电演唱会在众多歌迷中建立了良好的口碑，也让红牛成为内地唯一不插电演唱会的冠名赞助商。

2014年开始的红牛新能量音乐计划确实为乐坛挖掘出一批不错的音乐新人，有的成为音乐领域不可或缺的一份新力量，而在各种流量的逼迫下，红牛支持的音乐计划采取了"现场+流量=新能量"的互联网玩法模式。

最好的音乐都是在现场，红牛支持的每一个现场其实都是通过音乐方式在与用户进行对话，而真正产生共鸣的则是红牛品牌背后承载的精神与用户内心默认的精神。把用户放在音乐现场，其实就是在构造一种前所未有的场景化流量消费现场，突破传统的音乐现场啤酒消费模式，把红牛的音乐品牌精神与倡导的生活方式通过最终的用户消费体验展现出来。

红牛这么多年对于音乐现场的支持是有目共睹，红牛用新的数字营销方式带来一波又一波的流量积淀，突破了地域的限制，完全打通了线上与线下音乐的阻隔，让整个流量无阻碍传递给用户。

2）借势节日，激发流量

如果说红牛在音乐上的流量借势还让你觉得不够过瘾，那么红牛在教师节上通过学生的视角切入的节日营销就更加精准，毕竟对于大部分人来说，都要经历学生角色。通过学生的视角用不同场景文案表现出来，红牛在教师节狠狠刷了一波存在感。

像“十一”这样全民旅游黄金周，红牛也没有放过，用“僵尸画符”年轻人喜欢的、有趣的形式，表达出“飞机不晚点、旅行游玩不累、路上不堵车”三个最小的心愿。这一波红牛完全触到年轻人黄金周的痛点。

如果前面几个节日大家觉得红牛只会有趣的话，那就错了。在春节这样的时刻，红牛还会让你觉得非常温暖。在2016年春节，红牛推出了“家满能量”的主题海报，通过几个特定人群，把普通大众想回家的心情用文案表达出来，触到人们内心情感最柔软那个部分，回家成了年底最大的能量，这样主题表达符合用户的心理需求，又和红牛本身的能量诉求有一定的关联。

对于年轻人来说，红牛不只是能量的提升。也是生理和心理上的提升，红牛营销在借势流量上一直都拿捏得很好，2015年11月11日“光棍节”，红牛为众多的单身人群打气加油，核心主题“友能量，不孤单”，这样简单的文字配上熟悉的单身场景，触动一批单身的年轻人，让他们对红牛品牌产生了好感。

在品牌跨界联名营销上，红牛和地下城与勇士合作的主题活动“这是我的FIGHT”就是很明显的品牌自造节日，这个逻辑和天猫购物节的底层逻辑是一样的。游戏用户大多数是有梦想、激情四射的热血青年，这也是红牛最核心的用户群体，红牛通过能量在游戏里与用户进行连接，品牌的关联性和互动性就植入得理所当然。

用年轻人喜欢的方式拼出流量

如果说红牛是通过能量方式连接年轻人，那么一直占据功能饮料市场第二的东鹏特饮则是从开始蹭红牛流量到后来提出年轻独立主张。从品牌的核心价值可以看出，做这样改变是为了更好迎合年轻人，也是与红牛打差异化营销。

早期东鹏特饮通过低价方式“同样的品质，零售价只有别人的一半”打入市场。都市白领喝红牛、都市蓝领喝东鹏特饮，让它在中低端市场活了下来。而一开始，东鹏特饮的广告语是“累了困了，喝东鹏特饮”，是不是觉得和红牛的那句“困了累了喝红牛”非常相似？初期这样的蹭流量营销方式帮助东鹏特饮从红牛那边收割了部分流量，可是这样的方式对于品牌与用户连接并没有太大的助益。

东鹏特饮在2016年年销售额高达30亿元，但这只是红牛的一个零头，这个规模就类似江小白在整个白酒行业的销量，是不值得一提的，毕竟功能饮料的老大——红牛在2016年的销售额高达230亿元，市场占有率已经接近80%。

1）品牌初创，“年轻就要醒着拼”

通过品牌初创，东鹏特饮开始锁定年轻群体。“年轻就要醒着拼”

这句广告语让众多年轻人对于东鹏特饮品牌好感度增加不少。

要说当下年轻人不得不说二次元文化，二次元文化在90后和00后之间传播非常快。2017年8月18日，在腾讯视频上线的穿越火线同人动画《枪娘》就携手东鹏特饮进军二次元，让年轻人一起召唤枪魂觉醒，一支TVC（电视广告影片，Television commercial，简称TVC）广告就让人觉得非常给力，动画的“比赛就要拼尽全力”和东鹏特饮的“年轻就要醒着拼”是一致的，让阿卡娜火力全开，才是游戏里比赛的正确打开方式。整个动画里枪娘的武器觉醒战斗与东鹏特饮的品牌价值主张无缝对接，“年轻就要醒着拼”，打响了二次元世界的第一枪，也打响了东鹏特饮品牌年轻化的战略布局。

东鹏特饮通过年轻人喜欢的方式拼出了自己在功能饮料行业里的流量，与年轻用户捆绑一起玩，东鹏特饮会成为年轻人世界里的网红饮料，这个已经毋庸置疑。

东鹏特饮连续多年在春运期间打造暖心公益活动“回家醒着拼，鹏友更暖心”，使它的品牌传播从留守儿童到异乡游子，在春运这样一个特殊时期，所有普通人在一个大的场景下变得更加具体和生动，东鹏特饮形成了一股社会流量，在一个行业流量下不断正向叠加。

2）营销宣传——锁定年轻群体

在双十一期间，东鹏特饮推出了致敬幕后劳动者的宣传海报，整个设计贴合“醒客”的标签，通过“醒”和“拼”锁定了年轻的消费群体，激励年轻人去拼搏、去奋斗，在此之前功能饮料似乎没有引导年轻人的这些价值主张。

东鹏特饮知道红牛对于体育赛事支持力度非常之大，它选择与中超联赛官方合作，显示出要超越红牛的决心不是一点点。与中超联赛的官方合作再加上2018年CCTV世界杯的转播赞助，东鹏特饮在体育赛事的营销费用上超过了2亿元。

这几年东鹏特饮在赞助综艺节目上也是不遗余力，前后在《中国梦想秀》《欢乐喜剧人》《极速前进》《我们来了》等综艺节目有品牌曝光；在网络电视《好先生》《老九门》里，东鹏特饮也表达自己品牌年轻化的战略。东鹏特饮通过用这样的方式锁定年轻群体，因为他们知道，年轻人是功能型饮料的主要消费群体，得年轻人者得“天下”。

在热播的影视剧《合伙人》里，东鹏特饮也进行了相关的品牌合作，品牌文化与电视剧主人公的精神是一致的，使得东鹏特饮在《合伙人》里的广告植入显得合理自然而不生硬，这样才能真正打动年轻观众。

“拼”文化背后的流量逻辑

2017年3月19日，东鹏特饮推出了金罐东鹏特饮，这一产品是为了迎接五四青年节，推出“拼出好青年新主张”活动。活动通过地铁媒介抢占年轻人的视觉世界，把当下年轻人拼搏的片段切入到他们生活的场景去，引起年轻人的共鸣，形成事件转发和传播，当然东鹏特饮在整个活动中代表了年轻人世界多元化的拼搏精神，使得更多的年轻人对这个品牌产生好感。

5月4日当天，东鹏特饮官方通过9张海报微博发声，邀请KOL进行二次传播，大量KOL转发助推，然后在深圳地铁1号线进行车厢广告宣传，线上线下一起传播，让整个活动形成热度，成为当天年轻人讨论的热点话题。

据相关统计，“拼出好青年新主张”微博话题获得5000多万的阅读量，接近6万的讨论量，媒体投放得到1600万的曝光关注，微博指数和微信指数在5月4日当天达到最高峰值。

如果说之前的活动对于东鹏特饮“拼”文化只是短暂的曝光和流量积累，那么和爱奇艺全新的创可贴式的精准场景广告合作方式，让众多网友的弹幕增加了更大的流量释放。在此之前品牌与影视剧合作方式多采用中间插播广告，没有一个和东鹏特饮这样毫无违和植入广告，以创可贴式广告出现，让众多看剧的网友觉得东鹏特饮品牌有趣，不仅不反感，反而会持续关注，因为这些创可贴式的内容成了粉丝吐槽的内容灵感来源。

在大量品牌还在想怎么激发流量的时候，东鹏特饮就懂得把握和引导流量方向。东鹏特饮又一次用年轻人喜欢方式把一些历史事件和“困”联系在一起，然后引出“累了困了喝东鹏特饮”的品牌主张。东鹏特饮还不怕事大，上线了“犯困研究院”，从西游记说到蒙娜丽莎，从姜太公说到诸葛亮，感觉每一个历史里的人物都缺一瓶东鹏特饮。这些看似不正经的内容，由于奇特的画风和逗趣的语言，让当下“不正经”的年轻人很受用。

在整个流量为王的时代，无论是红牛还是东鹏特饮，年轻人在购买时，多是在为自己内心的那个确定而付出的行动，相比之前的品牌为王的时代，如今的品牌更加愿意为年轻用户说话、替年轻用户发声，这是一个从不缺流量的时代，如果你愿意成立一个年轻人喜欢的品牌，首先就不用担心“流量在哪里”这个问题。

相信这个时候标题的答案已经在你心里了。

04 支付宝带我们集福、让我们用花呗，慢慢成了我们生活的一部分

支付宝锦鲤爆红背后的逻辑

如今在国内不知道支付宝的应该为数不多，过年回家连路边中年人卖甘蔗的板车上都挂着一个支付宝的二维码，可见支付宝应用之广。

要说2018年支付宝的营销活动最让人难忘的，无非就是刷遍微博的“支付宝锦鲤”抽奖活动。2018年9月底，支付宝官方发了一条“祝你成为中国锦鲤”的微博，称将在10月7日抽取转发这条微博的一名粉丝为“中国锦鲤”，领取一份超级大礼包。晚上20：00，支付宝又在官方公众号平台发布了“2个事”，把更多流量从公众号导入微博。在活动推出1个小时后，支付宝官方把各大赞助商家的礼物清单发出来，震撼网络，光看完这个清单最少需要3分钟。支付宝发出“十一没去浪的朋友请马上离开这里，去看支付宝微博，置顶的那条”，在1个小时内转发10万+，光点赞的人数都超过5800人。

众多网友参与了“支付宝锦鲤”活动，当然整个活动还有明星微博转发和诸多微博大V转发。支付宝锦鲤活动的推出和网友的评论

都成了热点，最终众多流量汇合，“支付宝锦鲤”活动参与人数到达近300万。

经过国庆假期的铺垫，支付宝在10月7日宣布了“中国锦鲤”的获得者“信小呆”，也将活动推向了高潮。中奖结果公布后，支付宝官方明显有让网友去把“信小呆”这个关键词变成热搜的节奏，因为支付宝在官方微博发了这么一句话“微博搜索‘信小呆’吸鸥气要趁热！”随着明星转发信小呆的获奖感言，整个“信小呆”关键词热搜再次被顶上去。

锦鲤的大礼包设计，支付宝是花了心思的，每一个奖品单独拿出来并不足以吸引参与者，还要出国去领更会让参与者兴致缺缺。支付宝最聪明就是把一个一个原本并不会产生暴风效应的品牌全部罗列在一张清单上，形成了一个容易形成暴风流量的大礼包。用整体产品价值去掩饰过低的单一产品价值，这个套路是不是非常熟悉？没错，这与每年新年支付宝集五福是一模一样的逻辑。

整个“支付宝锦鲤”活动中，从预热到公布结果后流量复返，因为多级裂变的传播模式，让整个活动的传播直径不断扩大。锦鲤活动的名字也取得非常好，符合流量黑洞。因为锦鲤设计的简单又好记，锦鲤的梗更是容易普及，转播自然会形成多级。后来杨超越的锦鲤表情包和这个逻辑上是一致的。而品牌厂商、明星和微博大V之间的互动转发，把整个热搜的热度顶上去，让“信小呆”和“支付宝锦鲤”成了那段时间微博的最热话题。

支付宝锦鲤活动爆红背后是让锦鲤成为一种新的社交货币，通过足够合适的内容让用户使用这样的社交货币完成整个社交过程，同时让用户主动去分享互动，通过大礼包之外的感情赋予，让用户对于奖品价值产生超预期的认知，这就是支付宝锦鲤的最大魅力所在。

支付宝的真心、愚人节的玩心、用户的开心

如果说吹牛的人让你觉得厌恶的话，那么那些把吹过牛的话给实现的人是不是会让你佩服呢？

似乎每一年的愚人节支付宝都愿意折腾一番，让人感觉它在“吹牛”。不知道大家还记不记得，2012年4月1日，支付宝推出“视网膜支付”，人们只要用眼球对准手机，扫描就可以实现付款，当时大家都觉得是支付宝在愚人节开的一个玩笑，可是如今眨眼支付已普遍应用。为了实现这个技术，支付宝在2016年收购了美国一家生物识别技术公司，通过扫描眼睛静脉纹路来进行身份识别，精准率超过99.99%，有了这项技术专利，眨眼支付变成现实。

2015年4月1日的愚人节，支付宝在官方微博发布了一款社交金融大数据系统——“到位”Alipay Everywhere。该系统借由支付宝的芝麻信用和用户的消费习惯、行为模式、社会评价等结合RCT（随机对照试验，Randomized controlled trial，简称RCT）技术，完成用户向附近有闲钱的人借钱。此消息一经发出就被众多网友嘲讽和吐槽，毕竟支付宝在愚人节发这样的推送内容，让人不得不多想。不少网友表示：有一个支付宝这样土豪的朋友，没有什么是不可以购买的。从支付宝官方描述来看，“到位”更像是一个生活服务平台系统，用户可以作为个性需求方，也可以成为服务提供方。

这条推送并不是愚人节逗用户玩的，支付宝确实决定在2015年9月底推出“到位”。当然我们相信阿里的大数据处理能力是可以完成“到位”的云计算服务，我们也相信阿里的支付宝体系里的芝麻信用

可以很好保障用户的隐私和服务质量，在用户吐槽支付宝这个愚人节的看似白日梦的计划时，却发现支付宝离“到位”越来越近。

2017年4月1日，支付宝又发布了“如影计划”Alipay Air的黑科技概念，提出未来人们使用任何介质都能够投射成支付宝，用户只需要用手点一下就能完成支付。这已经是支付宝第六次在愚人节的时候推出黑科技概念，虽然让用户觉得好像是和大家开玩笑，可是对于支付宝来说，每一次玩笑都是认真的。而从目前看来支付宝吹过的那些牛有一大半已经实现了。

当然也不是每一个愚人节支付宝的“吹牛”都能实现。2013年愚人节支付宝推出的“意念支付”黑科技概念，用户对着屏幕心里默念对方就可以跳转出对方的个人账户，然后实现转账功能。这是需要屏幕接受用户的脑电波，形成一堆的代码完成指令，目前这一“黑科技”还没有实现，也幸好没有实现，否则对于那些喜欢多想的人来说，是非常麻烦和危险的。

有的时候梦想都是从一个“吹牛”开始的，而支付宝在愚人节玩笑的折腾上，一点都不落伍，这点死磕精神值得所有创业者学习，毕竟活动让用户在开心中完成了传播，愉悦的体验是非常重要的。

支付宝有点“毒”，年轻人“慎用”

支付宝9.0版本更新后，LOGO从蓝底白字转变成了蓝色，若你以为只是简单在LOGO设计上变成蓝色吗？那也太低估支付宝的设计运营团队的能力了。在品牌传播上支付宝从来不缺席任何曝光的机会，这一次也是。

支付宝联手墨迹、知乎、36氪、去啊旅行、陌陌、高德地图等以蓝色为LOGO色的互联网品牌一起组成了蓝色联盟，致力于“智慧生活，蓝色让城市更美好”这一理念实践，并且随后发布了一份《蓝色幸福指数城市报告》，这样的报告，支付宝每个季度都会发布一次。支付宝联合KARMA颉摩广告打造的“蓝色报告”，最后变成一份颇具未来感的无厘头报纸，用有趣的场景设计和大大的标题来呈现相关的数据，这份报纸最后被命名为“太误事报”，主要报道不同地方的老百姓在失去科技数据支撑后生活过得不够智慧和理想，结果耽误了很多事。整个报纸把合作的七个品牌分成了七个不同版面的设计，当然这里面大部分品牌其实归属“阿里系”。支付宝在更新版本后想表达支付宝是“智慧生活工具”，而KARMA颉摩广告也曾经打造了“饿了别叫妈”和冈本“劳模颂”等成功的案例，二者是强强联合。

任何品牌营销其实都是要解决用户最核心的诉求，如果解决不了，营销就只是品牌方自嗨行为。2017年新年的时候，支付宝新增AR实景红包功能，通过“懒癌病”“孤僻症”“厌学症”“闷骚病”一系列的奇葩的症状，来突出AR红包可以“治百病”的核心诉求。

移动时代人们习惯在出行、购物、娱乐中使用支付宝，当然用户最关心的就是支付和收款是否安全？自己的钱放在互联网支付工具中是否安全？这就是用户最真实的对安全的核心诉求。

支付宝作为国内支付的领先品牌，为“安全感”推出了指纹、刷脸、指纹解锁、风险拦截、实名认证、延时到账等非常实用的功能，为了把这些功能传达到用户那里，让用户形成安全防范的意识，实现安全支付，支付宝推出了神曲《有你更有安全感》。

如果说洗脑神曲让你觉得“有毒”的话，那么支付宝联合说唱组合“新街口”发布的《有你更有安全感》会让你更上瘾。这首神曲一经发布就强势攻占了各大音乐的排行榜，并且迅速成为抖音上的BGM（背景音乐，Background music，简称BGM），歌曲里的手势舞也让网民竞相模仿，刷屏各大社交平台。整首歌曲支付宝字眼并没有出现太多，歌词更多是强调支付宝的日常实用场景，让用户通过神曲的洗脑形成“支付宝=安全感”的认知，在脑中慢慢形成“支付宝是安全的”理念，这样的“毒”让用户好感百倍。

支付宝的温暖，让人上瘾的支付习惯

大部分金融品牌是没有温度的，支付宝反其道行之。2018年7月，支付宝在南京投放了“土味情话广告”，在社交媒体平台得到了不错的传播流量。然后支付宝又推出了自问自答的“为什么用支付宝”的品牌TVC平面广告，在地铁渠道投放，在年轻用户中反响不错。

之后，网友在朋友圈又因为这些广告为支付宝拉“仇恨”，自发写了很多的关于支付宝生活场景的段子，对于支付宝品牌方来说，非常愿意通过自身话题带动用户进行二次品牌传播，这是自发的流量。

支付宝这支TVC整体核心是“为什么用支付宝”，通过追问群众使用支付宝的真正原因，带出了一个又一个支付背后的真实消费场景。这支TVC的拍摄手法、使用逻辑与之前OLAY的三八妇女节“你今年多大了”是一致的。整个短片从全职妈妈、会计、空姐、学生、程序员、实习生等不同人物不同的支付场景开始，生动展现了支付宝给予每个普通用户的生活感动。每一笔使用支付宝的支付，不仅仅是金钱的交易，背后体现的是自己在所在城市打拼的感情寄托、梦想追求和信念坚持，这一切因为支付宝带来了情感的温度。表达出了使用支付宝，收获的不只是折扣和红包，因为每一张电影票都能见证你的周末时光，即使只是一个人；每一次异地生活费用的缴纳都能见证亲情和关心，无论你在多远只要愿意使用支付宝，都会让你觉得离家很近。

不同人物的不同职业和身份，带来的不同城市背景下的消费，这些成了他们连接支付宝这个品牌每一个最真实的生活瞬间，用富有浓厚生活气息的画面，给用户诠释和传达支付宝品牌的情感连接和品牌价值。

支付宝品牌的场景化流量营销，把不同年龄、不同职业的用户在生活、工作、学习中支付的真实场景重新放到这支广告里，从而导出可以引起共鸣的话题，唤醒大众对支付宝使用场景的共同记忆，从而触动他们内心柔软的情感。

这样的品牌传播方式，会让用户在很多支付场景下首先想到支付宝，增加了在特定场景下用户使用支付宝的频率，通过每一个最真实的场景呼唤，让用户觉得自己就是广告里的那个人，这给支付宝品牌注入了温度感，让用户每一次支付不那么冰冷，也不那么生硬。

支付宝从最开始的市场教育支付手段逐渐成长为陪伴普通大众生活，让大众内心认可的品牌，它不断通过多种创意的方式去让用户感知支付宝的温度，陪伴用户成长，触动用户内心。

在品牌宣传中，支付宝永远不会脱离“支付就用支付宝”这个核心，因为它想在用户层面强调“支付”的功能印象，让更多的新用户对这个品牌产生好感。

未来支付宝在稳固自己地位的时候还需要不断创新，任重道远，还有很多的事情要去做。如果没有不断推出的宣传，支付宝就容易被其他支付品牌给代替。对于普通用户，支付宝不仅仅是一款支付工具，更多的是很多普通人记忆的承载空间，希望几十年后支付宝还在。

第二章　品牌就是流量的入口

01 瑞幸咖啡的蓝色就是视觉流量的最佳入口

瑞幸咖啡不是卖一杯咖啡那么简单

第一次见到瑞幸咖啡还是在一个写字楼的分众传媒广告上，蓝色的版面设计加上汤唯的代言，莫名就吸引了我的目光，立即掏出手机扫二维码关注了瑞幸咖啡的公众号。

大部分中国人其实并没有喝咖啡的习惯，国内用户能够说出来的咖啡品种都不会超过6个，可是相关数据却表明，中国的咖啡馆已经接近10万家。究其原因，喝咖啡是商务需求和社交需求催发的，所以瑞幸咖啡通过互联网的思维方式打破了原本传统的重资产咖啡空间模式，借助社交媒体，依靠流量带来曝光和销售。

瑞幸咖啡的核心商业模式：改变传统咖啡的消费模式，提高整个店铺的坪效，降低边际成本，把线下的咖啡消费方式，通过互联网流量思维转成新的互联网产品，突破交易的边界，实现用户交易的倍增。

都说瑞幸咖啡起步就是黄袍加身，用资本带动整个市场，和专车一样用钱去烧出更多的用户习惯。瑞幸咖啡的创始人钱治亚从创业一开始，就准备好大量资金来“教育”咖啡市场。很多人可能好奇一个运营神州专车的团队来做咖啡靠谱吗？从互联网运营方式来说，不同产品同一运营团队来操盘是没有问题的，因为所有产品最后都需要连接用户层面，不同的只是需要斟酌产品在定位阶段落地到哪个方向。

瑞幸咖啡在线下开店之前，花了大量的时间和金钱来获取用户。互联网O2O的发展也恰好帮助瑞幸咖啡建立了外卖模式，如今外卖平台不是以客流量为依据，而是以订单量和送达效率为依据，这也为瑞幸咖啡的扩张提供了便利。

传统咖啡店都是靠测试验证后的商业盈利模式来支撑品牌发展，而瑞幸咖啡这样的互联网咖啡品牌，直接跳过测试商业盈利模式，用流量增长的客户模型来作为发展的核心，当用户到达一定的数量级后，再利用一定的规模优势来实现品牌的盈利。

从瑞幸咖啡的定位“中国的高品质商业咖啡”，就知道瑞幸咖啡的野心不只是卖好一杯咖啡那么简单，虽然目前广告模式比较简单：朋友圈LBS广告+分众传媒电梯广告。不过传播层面，瑞幸咖啡还是运用KOL+场景和品牌+场景联合模式，向用户传达：在很多场景里来一杯瑞幸咖啡更合适。

瑞幸咖啡叫板星巴克是以卵击石吗

瑞幸咖啡开始叫板星巴克。瑞幸咖啡曾经扬言准备10个亿，拿出1/3的资金砸分众广告渠道，要土豪一把，请国内几百万的白领朋友们喝品质咖啡。瑞幸咖啡的高调入局打破了原本平静的国内咖啡市场，这也许是一件好事，因为在此之前无人能够撼动星巴克咖啡业老大的地位，而国内咖啡市场里相关的咖啡品牌也参差不齐，倒闭关店的品牌也并不少见。

超越星巴克咖啡成了瑞幸咖啡的表面目标。很多人并不认为瑞幸咖啡在这场咖啡品牌之战中能够很赢得星巴克，毕竟在中国市场"什么才是好的咖啡"这个引导，星巴克很早就开始了，而从咖啡的口感来说，星巴克比瑞幸咖啡更懂中国人的口味。

从选址上来说，瑞幸咖啡和星巴克还是有很大差异的。星巴克基本占据了国内大多数商圈流量最好的位置；而瑞幸咖啡另辟蹊径，大规模进入校园和CBD，选择那些租金不高的地段以及不太有优势的店铺，因为线下只是瑞幸咖啡流量的一个入口，它的宣传更多靠的是线上部分。

从品牌宣传上来说，星巴克完全是传统咖啡品牌的调性，很少打线上广告，也很少参与品牌互动，它是依靠众多的线下门店和强大的供应体系赢得了一批咖啡文艺粉丝的追捧。星巴克的上海工厂旗舰店更是让众多游客和粉丝膜拜，拍照和参观的游客很多。瑞幸咖啡的互联网属性更让年轻用户追捧，毕竟星巴克并没有太多商业方式与年轻人沟通，如今品牌与用户之间互动还是非常有必要的。

从单品价格和购买方式上来说，瑞幸咖啡比星巴克有优势。对于长期购买下午茶的写字楼白领们来说，星巴克不仅偏贵，购买也不方便。瑞幸咖啡的单品价格相对便宜，可以实现让附近的人通过更加便利的外卖方式喝到咖啡。

从品牌主张上来说，在星巴克，新鲜就是马上可以喝到，而瑞幸咖啡主张的"新鲜现磨"就会让用户质疑。"新鲜"应该是有时效性，瑞幸咖啡是主打"外卖"的，经过外卖小哥配送到用户手上的"新鲜"会让用户挑剔，毕竟很多咖啡加了牛奶或者奶昔，在一定时间内不喝就会改变味道，所以瑞幸咖啡"新鲜现磨"其实有点空洞，用户并不认可。

按照客户群体来区分，瑞幸咖啡和星巴克看起来客户叠加的区间很大。可是从目标定位群体来说，瑞幸咖啡真正的竞争对手是企业用户的咖啡品牌，是像雀巢咖啡这样的加班族必备的速溶咖啡。很多人认为瑞幸咖啡的客户群体是白领，其实如果仔细观察瑞幸咖啡的官网和APP就会发现，瑞幸咖啡官方默认的目标客户群体是企业用户而非白领，因为白领是2C模式，瑞幸却是2B模式。是不是觉得低估了瑞幸咖啡的目标群体？毕竟创始人钱治亚之前运营的神州专车也是2B模式，用户之间的流量是可以共享的。

为什么瑞幸咖啡非要强调超越星巴克？这就如我们小时候经常说“我要做像雷锋叔叔那样的好人”，因为好人的标杆就是“雷锋”。而对咖啡业来说，星巴克就是标杆，瑞幸咖啡想超越标杆，实则是标榜自己不是一个弱的咖啡品牌，这是典型的蹭流量的品牌行为。2018年年底，星巴克开始布局社区周边，很明显这个战略瑞幸咖啡跟不上，因为社区是居家环境，和瑞幸的战略目标不相符。再看星巴克的新战略，是不是有种老大不屑于老二的挑衅，创立新的商业战场自己玩的感觉。

虽然瑞幸咖啡叫板星巴克在很多人看来是一种以卵击石的行为，可是对于改变咖啡行业的生态和用户消费习惯还是有一定帮助的，咖啡行业的鲶鱼效应就是这样产生的。

瑞幸咖啡的流量池思维

从2016年开始，很多行业都在为流量丢失感到不安，而作为瑞幸咖啡CMO（首席营销官，Chief Marketing Officer，简称CMO）杨飞却提出了“流量池”思维，他一再强调的是流量池思维而不是流量思维，这两者有很大区别。流量思维是获取流量然后变现，而流量池思维则是获取流量并通过存储、运营和发掘等方式，再获得更多的流量。很明显流量池思维在用户拉新上更有优势。对于传统品牌来说，投放广告就是品牌持续的行为，可是用流量池思维来看，品牌本身就是一个巨大的流量池。

瑞幸是如何用低成本的方式建立起瑞幸咖啡这个互联网品牌？

瑞幸咖啡先运用了升维型定位，把自己定位成互联网咖啡，这样一种新的咖啡品类，与之前的上岛咖啡、咖啡陪你等品牌完全不一样，因为传统咖啡品牌主张线下体验和线下空间，而瑞幸咖啡是通过咖啡，用数据和社交方式帮助用户实现咖啡需求，这是一种差异化的品类定位方法。

瑞幸咖啡的VI视觉设计是鹿头和蓝色，因为蓝色是很容易形成视觉锤的颜色，这个颜色在社交媒体上是有传播优势的，这样瑞幸咖啡就可以用较低的成本靠视觉吸引用户的目光，让用户产生“蓝色小杯=瑞幸咖啡”的认知和连接，让喝小蓝杯咖啡成了城市社交的一种流行方式。

有了VI视觉还不够，还需要一句简单好记的宣传语形成听觉的传播，瑞幸咖啡的口号是“这一杯，谁不爱”，看似有点挑衅的口号，却格外切合用户的内心，因为看到这句话，多数人都会去想一下，相比直接给用户答案，这句话让用户自己给答案显得精明和讨巧。

有了品牌符号之后，品牌需要落地到具体场景的转化上。传统的咖啡品牌都是选择利用线下空间来布局的商业模式，可是如今在互联网高度发达的时代，很多社交并不是发生在线下空间。诸如在微信的朋友圈或抖音，这样的新的社交第三空间流量如何利用？瑞幸咖啡CMO杨飞提出，传统的第三空间需要线下巨大的人流和昂贵的租金做支撑，可是如今线上的第三空间是无限场景，不需要支付租金，通过社交平台可以带来大量较低的获客成本。传统的是人找咖啡，而如今瑞幸咖啡采用咖啡找人的模式，完全颠覆了行业的认知。

瑞幸咖啡常用的裂变方式：首杯奖励、拉新奖励、咖啡请客等。首杯奖励其实就是通过第一杯小蓝杯是免费的方式让更多新用户下载瑞幸咖啡的APP；而拉新奖励主要是老客户带来新的客户，方式是“免费给好友咖啡，各自得一杯”，这个逻辑和麦当劳的第二杯续杯免费差不多；咖啡请客则是通过咖啡钱包的方式为好友送上一杯咖啡。

以存量找增量，以高频带高频，这就是杨飞“流量池思维”的核心要领。更低的获客方式就是裂变拉新，传统的品牌都是把费用给了广告公司去做渠道投放，而互联网方式是把费用直接给用户，相比之前的用户不确定，这种方式确定了用户的补贴和福利。当然这一模式瑞幸咖啡并不是最早使用的，这是互联网公司比较惯用的推广补贴方式。

瑞幸咖啡的钱还可以烧多久

2018年上半年，瑞幸咖啡在朋友圈LBS广告投放超过800万元。据瑞幸咖啡官方估计，在未来相当长的一段时间内都会通过烧钱补贴的方式来换取市场份额。瑞幸咖啡在2018年收入7亿元左右，预计2021年达到185亿元，这样的高增长预期着实让人惊讶。

2018年12月，瑞幸咖啡完成B轮2亿美元的融资，品牌市值高达22亿美金，可是紧接着却被曝出净亏损8.75亿元。互联网烧钱模式瑞幸咖啡不是第一家，前有滴滴后有美团，当然通过补贴方式占领市场是瑞幸咖啡本身既定预期，创始人钱治亚就是希望通过大量补贴方式打开咖啡行业的缺口。

2018年，在中国19年的星巴克国内门店数才达到3600家，而瑞幸咖啡用一年时间门店数量就达到2000家。采用高频补贴烧市场的行为，对于处于亏损状态的瑞幸咖啡来说，很难看到出路。其推出的“咖啡钱包”，让用户充值只是缓兵之计，并不能从根本上让瑞幸咖啡激活盈利模式。

大量专业的投资者和分析师对瑞幸咖啡的快速扩张要么观望，要么质疑，虽然目前整个瑞幸咖啡的战略布局是符合商业逻辑和品牌运营的，但是对于咖啡这样的高频低消的产品，瑞幸并没有太大的核心优势和竞争力。从现实来看，瑞幸咖啡的复购率并不高，只能靠新的用户增长弥补这一缺陷。如果停止补贴，用户是否还购买瑞幸咖啡，这是留给瑞幸咖啡的一个大大的疑问。

从开始的默默无闻到如今年轻工作群体人尽皆知，瑞幸咖啡运用补贴确实打破了咖啡行业的传统。可是用户关心的是咖啡品质，投资人关心的是否盈利。对于瑞幸咖啡来说，如果一直依靠补贴烧钱方式来获得客户的增长，终究有一天会无法走下去，因为总有一天钱会烧完，流量能不能续池却是由很多因素决定的。

对于没有设置盈利时间的瑞幸咖啡来说，或许IPO是快速要数据的最终归宿，可是对于一个品牌来说，上市并不意味着是结束，大量互联网品牌因为找不到商业盈利模式，最终难以支撑补贴而倒下。瑞幸咖啡的快速融资和虚高的估值，让很多人为它的前程担忧。

在B轮融资的前几日，瑞幸咖啡在北京和上海两地把补贴标准进行调整，不知道是试探用户对于减少补贴的反应还是瑞幸咖啡真的资金紧张？

普通创业者可能并没有瑞幸咖啡这么幸运，可以用投资人的钱去不断培育市场里的消费行为，可是它对于行业的突破的切入点和行业归零状态还是非常值得每一个创业者去学习和揣摩。

02 答案茶作为茶饮新物种打破了传统茶饮市场的平衡

答案茶一夜爆红于抖音

如果你是抖音的资深刷手，就一定会在2018年认识“答案茶”——这样一款走红于抖音的茶饮品牌。2018年5月，答案茶被列为“2018年国内零售新物种50强”，同时上榜的还有喜茶、瑞幸咖啡等。

一杯占卜的茶在短视频爆发的风口成了众多年轻人热捧的对象，据有关数据统计，答案茶官方抖音号一个月粉丝增加超过35万，单条视频的播放曝光高达4亿+，播放量超过2000多万。在开业的5个月内，加盟店超过400家，这个量级是很多传统茶饮品牌想都不敢想的。

“答案茶”的核心就是答案生成器，答案生成器在很多技术男那里并不是问题，通过图像识别技术扫描腰封上的字，然后在答案系统库去匹配相应的关键词，找出答案，再用3D技术把答案打印在奶霜上。技术虽然不太惊人可是回答问题的逻辑却类似苹果的Siri，产生了惊人的效果。当然这个生成器也会不断迭代更新，如今应用是3.0

的答案生成系统。

从答案茶的占卜逻辑其实很容易想到曾经火遍社交网络连明星都热捧的“答案书”，这两款都是给予用户一定的心理安慰，只不过答案茶从一出生就是带有年轻社交属性的互联网茶饮品牌，借助抖音爆红于网络，而流量让答案茶团队在营销方面节省了不少费用。

相比传统茶饮的慢慢积累，2018年，答案茶只用了不到半年的时间，累计销售了300多万杯，单店最高日销1000杯左右，单店最高的日营业额达到2万元。这样傲娇的成绩确实让同行眼红，毕竟它通过流量的方式用那么短时间做到了之前茶饮品牌想都不敢想的成绩。

有某茶饮品牌说答案茶的××饮品是抄袭他们的秘方。同样的配方为什么被抄袭的那个饮品没有火起来?

答案茶的销售方式、答案呈现形式进行了创新，加上互联网社交软件的推波助澜，让答案茶能够一夜爆红，毕竟这个现象也代表着时下年轻人对于创新饮品的态度。当然也有一些茶饮前辈认为，突然爆红的答案茶也就是昙花一现，并没有什么值得关注的。

抖音是在线上传播答案茶，而每家店铺的排队从线上流量转换成线下的现金流量，中间媒介就是抖音。

不要认为答案茶团队就是认准抖音平台才火的，他们也是经过了很多测试，答案茶在微博、快手、西瓜视频、火山小视频等都有投放，在答案茶团队看来，在抖音火有必然，也有一定的偶然。他们在第一时间去不断调整和完善答案茶的产品，这是火的“必然”，而火在抖音应该算是“偶然”吧。

答案茶用答案撬动了年轻人的心

时下，可以选择的饮品品牌非常多，在深圳南山区海岸城商圈，诸多的网红茶饮品牌都在一条路上，一家挨着一家。在众多流量冲刷的过程中答案茶却异军突起，为什么？年轻人在买这杯茶的时候除了口感还想要什么？这些问题可以在答案茶的营销里找到答案。

答案茶看似就是靠给用户提供问题答案的方式获得年轻人的青睐，在我看来，这只是停留在表面的认识，从产品的设计到差异化的理念等，这些细节都可以看出来答案茶能够火是必然的。

在杯子腰封设计上，答案茶是花了心思的。设计的初衷是希望用户参与进来，因为每一个用户的问题和杯面的答案其实就是形成了UGC，然后通过社交媒体不断地传播，形成了答案茶品牌更大的流量汇聚。另外从实用性上说，答案茶团队也为用户考虑得比较周到，用户要在腰封上写下自己的问题，要拍照发朋友圈，这个时候腰封的尺寸就显得非常重要。答案茶的腰封比一般杯子要高1.5厘米，这个1.5厘米是答案茶团队不断测试得出的数字。这就可以看出，答案茶团队还是非常了解年轻人的社交属性的，知道应该做怎样才会让年轻人喜欢上这杯茶。

在封盖设计上，答案茶的揭盖非常有仪式感。我觉得这个团队的创始人应该是一个有生活仪式感情结的人。年轻人每天都在为生活忙忙碌碌，在心理疲惫期，会觉得生活无趣和缺乏仪式感，所以在喝一杯答案茶的时候，充满仪式感的揭盖，也是购买这杯茶的用户仪式感的注入。

答案茶的理念是“让世界多一点点乐趣”，而这个理念与时下很多年轻人寻找世界的有趣点不谋而合。每一代人都会在不同的场景上记住一些有趣的东西，从中寻找生活的乐趣，让乐趣慢慢成为日后的回忆。比如我小时候觉得收集大大卷泡泡糖是一种乐趣，初中时候觉得收集小浣熊方便面卡是一种乐趣，到了大学觉得买齐周杰伦唱片的卡带是一种乐趣。乐趣在不断升级，在这一代年轻人心里，买一杯懂得他们内心的答案茶也慢慢成为他们生活里的一种乐趣。

答案茶给予用户的答案不一定是标准答案，但这个答案却可以让用户开心，这是一层隐形的附属价值，比如有一个用户这样问答案茶“我男朋友现在在谁的被窝里”，答案茶很调皮给了一个答案“问问你最好的朋友”，如果生活当中别人这么说一定会惹怒自己，但在茶饮中这样调侃式的答案却会让年轻用户觉得有趣，这就是互联网的魅力。互联网会让很多产品自带有趣，年轻人喜欢寻找世界的乐趣，答案茶轻车熟路地闯入他们的生活里。

大部分饮品还是靠口感和美感留住用户，而答案茶从内心需求留住用户。一般差异化产品比较容易在同类产品中突出，而外在形式和内在需求相比，内在让用户留存的更久。

因为答案茶为用户创造了稀缺性，用户拿到这杯茶，答案漂浮在茶面上，这样的场景下用户自发拍照发朋友圈，传播答案茶的同时也把内心的愉悦表达了出来。另外每个人问的问题不一样，这也造成了答案的差异化，其实用户在写答案的时候内心是有一个答案的，只不过它需要答案茶帮助再确认一下而已。

用户看答案茶答案的时候内心的情感很复杂，如果答案茶给的答案不是用户想要的，他或许会再买一杯重新去获取新的答案，直到看到自己内心的那个答案为止。其实答案已经不重要，获得内心匹配感才是最重要，因为这个时候就是想赢的心理在起作用，年轻人表面丧其实比谁都想赢，答案茶用答案撬动了年轻人的心。

答案茶成名之后的品牌纷争

所有品牌在成功之后都会用故事去留存更多用户，希望用户对品牌产生情感维系，答案茶也不例外。抖音上那句“相濡以沫不如相忘于江湖”让答案茶在抖音火起来，可是这种火能不能持续就靠自己的内容和运营了。抖音只是一个导火索让更多人看到答案茶，并不代表发现了就会一直很好。

答案茶在最开始的广告语是“一杯可以占卜的茶”，后来改为“不只是一杯占卜的茶”，好像在玩文字游戏，可是仔细体会就会发现后面的那句文案传播起来流量更大。答案茶在吸引流量上用尽了心思，然而这些流量也引发了让创始人谷铁峰非常头疼的问题。

茶饮的坑并不浅。答案茶火了之后，每天来郑州万达答案茶店排队的加盟商多于购买者，当然也有一些媒体发表文章声讨答案茶“雇人排队”，这对答案茶来说只算是不痛不痒的小问题。但是随着答案茶的爆红，“假冒答案茶”层出不穷。后来答案茶团队联合百度、美团和微博一起打击假冒答案茶，可是因为答案茶品牌背后巨大的流量，造就了太多假的答案茶店，“答案”和“答案茶”的商标注册也引发了一系列问题，使得答案茶陷入“真假”身份的尴尬境地。

2018年4月，答案茶因为品牌涉嫌侵权注册，官方公众号被微信清除。半个月后，关键词“答案茶”可以搜索出几十个相关的订阅号，其中有9个还通过企业官方认证，一时间让很多想加盟答案茶的加盟商傻傻分不清楚。已经加盟答案茶的加盟商更是担心自己使用的商标侵权，答案茶总部每天都会收到来自全国各地的加盟商的质疑和维权，让谷铁峰感觉到红了之后的滋味并不好受。

答案茶这次微信公众号被举报是同行的打击报复行为，至于是哪家就不指名道姓了。除了位于广州的一家公司注册了答案茶的商标，重庆的一家公司也在微博上说自己拥有答案茶的商标。可是稍微懂一点商标知识的人应该清楚，一个合法的、受保护的商标不可能同时几个人拥有，这是违背国家商标法对于原创商标的保护规定的。

答案茶这样的茶饮品牌一般注册集中在第30类和第32类，如果是服务类则需要注册第43类。第30类是以咖啡、巧克力或茶为主的饮料，第32类以啤酒、矿泉水、果汁、汽水等制饮用的制剂，第43类是由个人机构提供饮料的服务。能够查询到的资料显示，“答案”第32类商标权、“答案ANSWER”第43类商标分别归属不同的公司，“答案”第35类和第32类由河南盟否注册。

注册商标是有知识产权保护的，可是因为答案茶相关的商标注册非常零散，制约了整体品牌形象宣传。自己一手捧红的品牌自己却没有商标，我相信谷铁峰以及答案茶团队每个人内心都是怅恨的。无论是个人疏忽还是商标保护意识薄弱，这个不完全属于自己的商标给答案茶带来了隐患，不仅不得不停止了招商加盟工作，还不得不更名，损失不可谓不大。

混战后的新赛道，被遗忘的答案茶

让“答案茶”火的抖音账号是答案茶ANSER TEA秋涵，上面写的是“答案茶联合创始人”，这个抖音账号与答案茶合作是以答案茶开业第二天开始的。在答案茶的纷争后，这个账号就一直不温不火，最近几个月阅读量非常低。看来答案茶之前的爆火并不完全是她个人运营能力强，而是答案茶刚好赶上抖音那一波流量风暴的风口时期，和同期的“厦门土耳其冰淇淋”“西安摔碗酒”等一同火起来，要不就无法解释为什么后来的视频阅读量只有200多，还不够之前火爆视频的零头。

在几年前就有媒体说“未来是品牌的时代，拥有品牌就是拥有未来”，今天站在答案茶创始团队角度来听这话，内心肯定是百感交集，因为商标混乱导致答案茶慢慢降温，抖音也不再有它的身影出现。

在经历了众多的纠纷和商标混乱后，2018年5月，答案茶正式更名为“1314茶”，毕竟叫答案茶的山寨太多，对于整个品牌市场是一点好处都没有。创始人谷铁峰认为答案茶核心就是答案生成器技术，这个不能丢，只要这个在，更名就不会毁灭答案茶。再看“1314茶”这个商标的取名方法就知道是重金购买的别人的商标，查询此次变更升级商标，注册公司不是河南盟否而是广州沸腾点信息科技有限公司。

新的商标“1314茶”原有的占卜功能保留，毕竟这个功能年轻人非常喜欢。“1314茶”除了占卜功能之外，还增加了表白、倾诉、道歉、恶搞、自省、许愿等围绕年轻人生活的诸多创意功能体验，给予年轻用户一个更加多元化的深层次体验。

“1314茶”品牌互动动作比较大，又是入驻盒马鲜生，又是做公益慈善，还被证实融资2000万元。开始的加盟策略让答案茶迷失，慢慢的创始人谷铁峰意识到直营才是品牌的真正出路。

随着直营店的扩张，系统化的品牌管理就成了必须，毕竟一家两家店还可以靠人来应付，可是100家门店呢？没有完整的管理系统是不行的。在饮品行业也有不靠系统去管理门店的，最终的结果是销量一直下滑，甚至门店直接关闭，韩国的“咖啡陪你”就是典型的例子。“咖啡陪你”依靠的是加盟+直营+合作经营的方式，随着加盟商数量增加，出现了管理跟不上、欠缺后续服务支撑等问题，现在在深圳已经很难看到“咖啡陪你”的门店，这其实就是放养导致的后果。

当然除了管理系统还需要强大的供应链，因为供应链稳定核心产品的采购价格就会下来，利润就会提高。

2019年春节回老家，在老家的一个城市商圈也发现一家答案茶，和老板一聊就知道是一个假冒加盟，生意不太好。点了一杯品尝一下，口感不好，答案也打印得比较模糊，看来山寨和山寨还是有一定区别的。这家店对面一家开了20年的奶茶店生意比较好，墙壁上一张张留言和表白条就是用户最真实的黏性。

答案茶可以给那么多用户一个个答案，却不一定能够给自己一份答案，我们不能确定未来在社交媒体还能不能看到答案茶，但是最起码它曾经闪耀出现在我们生活里，而且真的很近很近，在混乱之中的新赛道里，希望答案茶不要偏离最初的那条轨道。

03 抖音让流量在线上黑洞式爆发增长：人人都是增长的连接点

有抖音的日子快手也不寂寞

抖音，是今日头条旗下“字节跳动”团队开发的一款可以拍短视频的音乐创意社交软件，也是一个专注年轻人音乐的短视频社区平台。用户可以通过这款软件选择歌曲，拍摄音乐短视频，形成自己的作品。

2016年9月，抖音正式上线，2018年上半年开始走红，两年的日子，相信“字节跳动”团队内心的煎熬只有他们自己知道，这样九死一生的创业大部分人一辈子都很难遇到。

抖音是一款很容易让人忘记时间的高黏性的互联网社交产品。它自身并不产生内容，只是一个内容平台的搭建者，内容大多来自用户，每一个发布在抖音平台的普通人的小视频，就是他们的世界。普通人的多流量汇聚在一起，造就一批又一批的诸如西塘小哥、腰子姐、丹东宁哥、代古拉K、惠子、上海小阿姨等抖音红人。

互联网产品一般自带属性分层，在抖音红之前另外一个同赛道的产品知名度高于它，那就是现在一直被拿来与抖音对比的“快手”。

不同的产品定位决定了用户的属性，一款产品的用户已经把产品本身分层了。抖音和快手最大的区别就是抖音让用户觉得有音乐的存在，所以网上有这么一条评论解释了抖音和快手的：“同样是活吞一条蛇，抖音用户会加上音乐，而且有节奏地吞下去”。

很多人一提到快手就是格调低、无趣等差评，你可以不用快手，可是不能忽视4亿人背后的真实人生。快手采取猎奇、搞怪为中心的平民化生活路线，而抖音开始则是采取以听觉、视觉、情绪为主的“潮”“酷”路线。所以你会发现一、二线城市的白领爱用抖音，五六线城市的老百姓喜欢用快手，在用户之间还有“南抖音、北快手”的说法。通过对比，就会发现一山不容二虎的逻辑在商业上还是存在的。

抖音火的同时也带动了很多音乐的走红，成了抖音BGM，当然这个里面有很多音乐版权问题。抖音产品因为其属性，使用的年轻人居多，因为年轻追求酷炫、个性和创意。抖音类产品用户可以任意选择歌曲，再配上拍摄技巧，让之前高大上的视频编辑技术一下子落地平民化。

抖音因为头条资源的倾斜2017年赞助了综艺节目《中国有嘻哈》，节目中的嘻哈人气选手也相应带动了抖音用户数量和下载量。

在众多抖音红人享受抖音带来流量的时候，抖音却遭遇了增长危机。2018年3月10日，抖音的链接转发到微博被屏蔽，微博这样的举动让不少抖音用户对微博产生了一定的抵触。如果仔细观察就会发现，微博有“微博故事”这一短视频功能，另外还有一个视频合作方“秒拍”，虽然这些都没有得到用户的认可，可是微博官方还是非常努力地推广。抖音的出现与微博产生了同质产品的冲突，而微信属于社交软件，在产品性质和盈利模式与抖音都不冲突，所以有了抖音的链接微博被屏蔽，微信却可以看到的情况。

今日头条在短视频领域的矩阵布局也是花了时间和金钱，以抖音打头阵，火山小视频和西瓜视频为辅助，在用户规模上很明显已经超越快手。在不同渠道资源的力度上可以看出头条是非常看好短视频这个领域。2019年春节期间，抖音的渠道投放费用高达400万元。可能因为团队之前积累的社区基因，导致后来抖音运营非常顺利，渐渐超越了快手。

微博的后时代基本被八卦和社会新闻占据了热搜，而抖音慢慢也进入后微博时代，全民抖音或许是字节跳动团队希望的，可是如果没有快手的日子，抖音或许也会觉得寂寞。

抖音的后微博时代，短视频弯道超车

虽然微博给抖音设置了一定的阻碍，可是毕竟流量那么大，这点阻碍无关大局，就像柯达当年发现数码却因为自己的胶卷产品而掩盖了这一技术，最终依旧无法阻拦数码产品占领市场。

微博往抖音导流量非常容易，而抖音的流量往微博导就不太容易操作了，这就是不同的互联网社交产品对于流量开放的态度。粉丝流量导到平台以外地方，这是有问题的，最起码是粉丝缺乏忠诚度。

2017年3月，抖音因为相声演员岳云鹏和歌手鹿晗等大V的联合推广，在微博有了曝光，获得了一批流量。后来微博团队才意识到自己给别人做了嫁衣，当然快手早期的第一波流量也是从微博获得的。

2018年，抖音在火了之后不断邀请微博上流量比较大的明星入驻，明星的粉丝也开始从微博转移到抖音，虽然不能说抖音完全取代微博在用户心里的位置，可是微博的短视频功能基本是被抖音取代了，这一点毋庸置疑。

专业机构、专业的娱乐经纪公司和MCN（Multi-Channel Network，多频道网络的产品形态，简称MCN）机构也入驻抖音，平台补贴并不是这些机构入驻的目的，他们看到的是因为抖音流量吸引过来的国内各大品牌主，而这些品牌主也是慢慢认可抖音可以给他们带来传播和利润。

在微博，一般粉丝过100万就是一个量级，可是在抖音粉丝的量级是按1000万来计算的，因为在抖音100万号其微博的粉丝数量一般在10万左右，10 ： 1成了抖音与微博之间粉丝数量的一个权重比。

相比微博的流量机制“流量都是钱投出来的”，很多个人创业者在微博都不温不火，可是抖音给了这些个人创业者机会，不少人通过抖音都赢得了人生的第一桶金，抖音流量不仅带动自己的微博号涨粉，而且还有代言收入。

微博的缓慢增长也是因为Feed流（持续更新并呈现给用户内容的信息流）对于DAU（Daily Active User，日活跃用户数量，简称DAU）的依赖。作为普通人，想通过抖音平台红，其实自己就成了一个MCN，抖音已经帮助一些达人对接活动和广告，官方关于这样行为并没有抽成。

抖音平台开通橱窗，表明了做电商的决心，众多淘宝电商也入驻抖音，可是真正入驻后发现播放量到转化还是非常低的。除了宠物和母婴行业，其他行业在抖音的电商转化都不高，很多号的转化率甚至低于行业平均水平。

抖音的现象级——每个人的15秒

在抖音之前有一款互联网短视频产品非常火，那就是“小咖秀”。最高峰时，小咖秀在苹果APP Store持续霸榜8天，横扫一切互联网社交产品。“小咖秀”最火的就是模仿金星橙汁的那个视频，引得无数粉丝追捧。小咖秀能够火应该归功于微博流量导入和明星效应，当然也离不开秒拍团队多年的短视频积累。可惜“小咖秀”的生命非常短暂，原因是小咖秀解决了为什么用户要拍，却没有解决拍完谁看的问题。

抖音的核心就是垂直领域的UGC，只不过这个内容是通过短视频的方式呈现。抖音让普通人拍出来的视频都有人看，它有一个随机的流量池，让大众在自我审美的状态下表达自我，每个人在抖音出名都是从15秒开始的，这个是公平的。

抖音最合理地方就是即使你上一条视频百万人观看，下一条可能也就几百的点击，如果每一条都有几十万浏览量，那么这些号基本都是抖音红人号，所以对于在抖音这个平台发布视频的普通人来说，每一条视频都是一个新的开始。

和玩抖音的人聊，你会发现其实他们并不太清楚抖音平台的规则，大部分都是自己摸索着一路过来。有的人觉得多多点击就能进入首页流量池，有的人觉得多发总有一条可以进入首页流量池，这都不准确。想要规则找到你就要先适应规则，熟悉微博的规则人都知道微博是需要热搜和大V推荐才有可能被更多人看到，而抖音的流量是根据最开始的点赞和评论多少来看是否可以激发更大的流量。如果一条视频的点赞持续上升，官方就会给它更大的流量，这就可以解释为什么有的人在抖音可以看到几天前别人看过的火的视频，这一点比微博合理和公正，微博当天的热度过了就不会再推送给用户。

很多人背后的MCN机构把一个个普通的人去中心化变成了明星，而这个背后是人性而不是人心，相比明星入驻抖音，很明显用户对普通人更有兴趣，抖音是三观很正的互联网产品，所以只追求流量而三观不正的抖音大号温婉，最后的结局就是永久封号。

抖音火热的15秒背后其实是智能手机和4G网络高度发展的支撑。回到20年前我相信抖音是不可能火起来的，因为没有手机拍摄清晰的视频，没有视频的滤镜。在表达上中国人还是相对有“偶像包袱”的，所以视频的滤镜是非常重要的一个插件，看微信朋友圈就知道，大部分人都希望把美的一面呈现出来，比起之前非常专业的后期门槛，抖音团队开发的、人人可用的滤镜模式切中了年轻人的社交热点。短视频时代的崛起背后的流量支撑也不容忽视，想一想曾经发微信都要担心流量超支的时代，是不是4G流量随意用更激发了用户观看短视频和发布短视频的欲望。

当然如果没有这个时代年轻人表达的欲望，硬件再合理再发达也是没用的。而抖音就是基于社区的一款符合年轻人表达自我的社交性UGC产品，通过音乐的入口，结合视频和滤镜，让产品不被模板化，每个年轻人在15秒背后的生活，因为音乐再被无限放大。

抖音最终还是“快手化”吗

抖音的早期推广让很多人觉得它很酷炫，与其他社交产品还是有差异的。抖音的“视频+音乐”很容易产生情感共鸣，里面很多都是艺术院校的小哥哥和小姐姐们，通过他们的肢体动作和音乐让更多的年轻人对抖音产生了兴趣，当然这个中间沉淀了两年的时间。

抖音最大魅力就是背景音乐，相同的音乐也会有不同版本，早期在抖音很火的"海草舞"和"C哩C哩"，魔性十足，连明星都跟着节奏跳动起来。一首《沙漠骆驼》让众多网友唱出了不同风格，一首《出山》更是火遍了整个抖音。这些背景音乐背后是网友们对于音乐作品的创意和颠覆，有的是搞怪、有的是感触、有的是理解，其实每一首背景音乐能火起来大多数是网友们充满故事和乐趣的人生。

在短视频主流方向，很明显抖音之前的定位是相对小众，关于这一点在头条系内部是有争议的，对于如此大的短视频流量，头条是不可能只拥有获得小众那部分流量的小野心。

后来，抖音团队不断模糊之前的定位，更加强调普通人的故事和感情，不想让大家记住那个曾经"潮"和"酷"的抖音。抖音推出新的广告语"记录美好生活"，与之前的"音乐短视频APP"相比情绪化很多，平台发布的内容也越来越大众化和生活化，之前强调产品的属性，如今更强调平台的作用。

抖音重新定位对于用户来说会有迭代，曾经那批觉得自己很潮很酷的用户或许会转向其他产品，不同的用户只看自己喜欢的内容。不过抖音有自己的算法，对于这个算法业界褒贬不一。

去中心化是快手和抖音最大的区别，这个各有利弊。快手很明显倾向普通人，对于红人没有扶持；抖音对于红人的政策扶持和倾斜力度很大，有流量的红人需要变现肯定选择政策更好的抖音入驻，而红人的本身的流量又会带动粉丝进入抖音。但是一旦抖音对红人的扶持减少，他们会因为新的平台扶持和政策而选择离开抖音。

关于抖音和快手谁最后会成为短视频这个赛道的头部，其实目前很难有定论，抖音与快手都有对方所缺失的内容，他们在各自的赛道又有着吸引用户的黏性。抖音很少有特别生活化的视频，而快手上也不会有技术流的视频。快手看似没有运营却让用户玩得很嗨，抖音在内容设计上确实投入不少运营，尽可能降低用户关于UGC创造的时间和智力成本，其实这一点抖音是在模仿快手的用户自发生长模式。

社交产品打着社交属性就会有连接的功能，把快手和抖音当作直播平台有点不公平，人在这个时代无时无刻不在连接，不用这个产品就在用那个产品，对于时下短视频人连接的最大需求就是展现自我，消耗时间。

抖音属于全屏沉浸式产品，很容易让用户上瘾。因此抖音开发了防沉迷机制，就是担心自己被“娱乐至死”，毕竟大众在消费娱乐的同时其实也是在消费文化，而这种消费可能会使他们的精神丧失。另外抖音也不断在打造诸如“美好生活”计划等弘扬传统文化的内容，有计划地指导和开展形式多样、内容健康的文化活动，在用户中间宣传积极向上的生活态度和价值观。

在后微博时代发展下的抖音，通过新的玩法让一度创意枯竭的短视频行业焕发新的青春。抖音通过每一个最为真实的用户去传递态度，相信平凡的你我都能够在这个平台寻找到自己的一块流量之地，挖掘出更大的未来。

04《吐槽大会》和《奇葩说》，年轻人的夜宵必备综艺节目

在一篇文章里写《奇葩说》和《吐槽大会》，除了你们知道的品牌上的关联，最大原因或许就是两个节目里面都有李诞，一个很有才华，以滞销书作家自嘲的“佛系”年轻人。

《吐槽大会》笑着流出了泪

《吐槽大会》是由腾讯视频、上海笑果文化传媒有限公司联合出品的喜剧脱口秀节目。节目以网络独有的“吐槽文化”为切入点，每一期都会邀请一位话题名人，让他们接受吐槽。写这篇文章的时候，第三季《吐槽大会》正以张艺兴带动了破亿的播放量而圆满收官。

国内年轻观众知道脱口秀不是通过那个黄西，而是通过《今晚80后脱口秀》这档节目，《吐槽大会》又把脱口秀的关注度提升了一个档次。要知道在之前几年里，脱口秀只是在酒吧里表演，并不能登上大雅之堂，更别说单开一档电视节目了。虽然在节目里李诞把笑果文化融资说得很轻松，可是在早期国内那样贫瘠的脱口秀文化土壤里面，

开这么一家看似不靠谱的文化公司，需要很大的勇气。

《吐槽大会》让大家记住了一个不断被吐槽的主持人张绍刚，主持过《今日说法》的人如今来主持脱口秀节目，严肃之后的差异化也给节目带来了不少话题。《吐槽大会》也让大家记住了那个永远没有正型的李诞，负责了第一季所有段子内容的“滞销书作家”。而曾经走在路上也无人认识的池子也在《吐槽大会》之后被观众熟知。池子是一个95后的年轻人，成名前是一名段子写手，更多的是做幕后工作，《吐槽大会》火了，池子的微博粉丝涨到70多万。相比那些在横店剧组跑龙套的年轻人来说，池子算得上幸运，因为他赶上了国内脱口秀快速发展的时期。

《吐槽大会》在很多脱口秀专业人士看来和线下的脱口秀还是有一定差异的，因为线上可以对稿，讲得不好可以NG，可是线下的演出只有一次，讲不好就砸了，也就没有下次了，所以单纯从投资的角度来看，很多投资人愿意投线上的脱口秀节目，线上流量空间更大，而线下的文化培育需要更多的时间和耐心。

脱口秀行业缺的不是支持和观众，而是创意和写段子的人才。尤其是像《吐槽大会》和《欢乐喜剧人》这样的喜剧类节目大火之后，节目制作公司和电视台希望有更多这样类型的节目，可是创作段子的人才出现了断层，这不是钱的问题，是人才成长的时间问题。正如前面所说，李诞负责了第一季所有段子内容，到了第二季才加入了程璐和海源等共同负担段子内容，《吐槽大会》才真正实现了商业化运作。

如果你觉得写段子是件很轻松的事情，那你就错了，《吐槽大会》不同包袱出场先后顺序都是有安排的。节目上线之前，笑果文化的团队就带着这些段子到剧场去测试、去打磨，我们现在能够在网络上看到的都是已经打磨好的段子，至于哪些段子写好了又被取消只有段子写手自己知道。正因为有这样的态度才能打造出这样的节目。知乎有一个用户统计出《吐槽大会》里，李诞和池子平均每分钟抛出3~4个段子，而且每个段子在平均14~16秒戳中观众的笑点。虽然我们可以笑一笑说，这位网友你看《吐槽大会》是用秒表在统计？可是这些统计也说出了段子手的不容易。

2017年11月，池子在微博发了这么一句话："大笑是一件很累的事情，你们不要只看到我开心，我其实很累。"这句话让人觉得屏幕前那个看似什么都不在乎的池子，其实什么都在乎。再去看一次吐槽大会，你会觉得李诞、池子他们特别不容易，最难受的不是失声痛哭而是笑着流出了泪。

《吐槽大会》留下一些遗憾

《吐槽大会》的创意是来自美国一档脱口秀节目，与原版节目一样都是鼓励偶像卸下包袱，接受现场嘉宾的吐槽。如果说微博是一个社会的浓缩，《吐槽大会》则是社会里大家槽点的浓缩。我对《吐槽大会》印象比较深刻的是曹云金和周杰那期，两个外形差不多，都曾经因为不太好的新闻上过热搜的男人，放在一期节目里，制造出更有意思的槽点，把这两个人放在一起节目组应该是故意的。

《吐槽大会》是电视节目，虽然更多的是按照电视的流程去拍摄，很多明星的语言和动作都是照剧本排的，但是能够在众多语言类节目中脱颖而出，还是因为真实，明星卸下伪装的那份真实让节目与众不同。如果有时间，你可以再去看一遍《吐槽大会》三季所有的节目，你会发现一些之前没有发现的细节和笑点。

也有媒体抱怨说《吐槽大会》低档，没有幽默的高级感。李诞解释得非常明确："我们只负责好笑，不负责高级幽默"。大众娱乐和文化解读中，有些内容并不需要深刻和洞察，能够让嘉宾笑起来，让观众乐起来就达到节目最初的目的了。

其实李诞非常想邀请企业家来吐槽大会，提升节目质量和深度，节目组也沟通很多企业家，多数不愿意参加，似乎企业家的包袱比明星要重。

如果仔细统计就会发现，来上《吐槽大会》的歌手比较多，难道这些歌手都想和薛之谦一样，觉得音乐这碗饭不好吃，走一下综艺咖带一波流量？实际上，《吐槽大会》可以把流量往其他音乐平台导，比如网易云音乐里面评论很多都是来自吐槽大会的观众，另外很多歌手通过吐槽也让自己慢慢洗白。

用"吐槽"方式去解构偶像，站在对等的立场去审视去掉偶像包装后真实的一面，也许允许观众吐槽自己的偶像才会是这个时代拥有真实粉丝、最后得到认同的明星偶像。

《吐槽大会》第一季有15亿的播放量；第二季增加了思文和建国的串场，有18亿的播放量，而观众反应在第二季最为明显；如今第三季已经收官，有超过23亿的播放量。

一个综艺节目好不好市场数据说了算，任何的节目不可能持续火爆，还好李诞在做《吐槽大会》的第一天就做好了节目关停的准备。

不要以为《吐槽大会》一路走过来都很顺，在第一季播出的时候也因为对于历史问题的吐槽和分寸把握不够，上线三天后被迫下架整改。

曾经自嘲是"滞销书作家"的李诞因为吐槽大会连续三季的流量而红，大半个娱乐圈被他吐槽。我知道很多看《吐槽大会》的观众不是冲主咖明星去，而是冲李诞去的。或许你会发现《十三邀》节目对话下的李诞和《吐槽大会》里的李诞好像不是同一个人，从这两个节目里你能看出一个理想一个现实的李诞。李诞自己在《吐槽大会》时，用一句“人间不值得”草草收尾，让观众留些了些许遗憾。

第一季《吐槽大会》是一个引子，引爆的槽点非常多而且真实，后面两季因为“爱与和平”而变得温和起来，但是估计吃瓜的观众看得不太过瘾。相比第一季，很明显第二季和第三季来参加《吐槽大会》的大部分主咖明星对于自己被黑的点越来越顾忌。第一季里有周杰直面被黑被雪藏、李小璐直面整容、大张伟敢于面对抄袭行为；第二季里张雨绮的那句“我看男人不准”直接把槽点避开、林丹避开婚内出轨而选择不痛不痒的点吐槽；而第三季所有播放量里面，能够破亿只有杨超越和张艺兴两位主咖，可见网友买单的主要是槽点和真实。

《吐槽大会》留下的遗憾，其实本身也是一个槽点，或许是刻意为之，也有可能是为下一季埋下伏笔，毕竟过于完美的节目是不容易被年轻观众接受的。

《奇葩说》让辩论不只有力量还有流量

如果一直看《奇葩说》，就一定会对里面的辩手如数家珍。当然导师的流量也是节目的一个点，有的人因为对《康熙来了》的主持人蔡康永的情结延续来看《奇葩说》，有的人是因为马东的风格主持来看《奇葩说》……原因不一而足，结果只有一个，《奇葩说》火了。

《奇葩说》是一档由爱奇艺出品，米未传媒制作的融入辩论元素的节目。节目由马东主持，邀请了蔡康永、金星、罗振宇、张泉灵、高晓松担任导师，旨在寻找华人华语世界中，观点独特、口才出众的“最会说话的人”。

《奇葩说》是马东和高晓松在酒桌上闲聊出来的，这样看似随意的决定却特别符合马东公司的文化定位，节目背后是米未传媒和马东的发展蓝图。《奇葩说》和爱奇艺的关系就不过多解释了，我们应该知道的是没有爱奇艺的邀请，马东不会做爱奇艺的首席内容官，也就不会有离开爱奇艺后的创业。对于内容的定义和解释，马东已经在混沌大学给出了非常精准的概念：内容的本质就是解决人心的焦虑。

《奇葩说》每一期辩题都是选择当下年轻人最关注的话题，虽然是一个辩论节目，可是却通过娱乐的方式在传递和表达思想。《奇葩说》从第一季到第五季一直能有如此高人气和流量，除了内容吸引还是内容吸引。我相信在这么多期的《奇葩说》当中，很多人都能找到一个自己的身影，或许在某一个大笑之后释放了自己，又或许在愤怒中触动到曾经的自己。

第五季《奇葩说》的导师阵容因为有了薛兆丰和李诞，相比之前的“老龄”组合，要有趣很多。这也再次表明《奇葩说》不是一个简单的辩论节目，否则请的就会是更严肃的、名头更大的人来点评。正因为薛兆丰身上有着一般教授没有的娱乐基因，随便说几句就让很多网友觉得很呆萌，吸收一波粉丝海带海草什么的对于薛教授来说都不是问题。

现在大多数年轻人不愿意看那种流程式的综艺节目，所以才有后来的弹幕，很多人都说有的节目弹幕比节目本身好看。一般综艺能够过三季已经算是很火了，《奇葩说》却可以延续五季，已经成为综艺节目的一个里程碑式的品牌，被网友戏称“全宇宙最好看的综艺节目”，毕竟它把严肃的辩论节目变成了流量和力量兼备的节目。我不知道那些曾经喜欢《康熙来了》的人听到这句话是什么心情，时间有的时候真不是一个好东西，它会打碎你很多很多的记忆。

《奇葩说》用生命在打广告

《奇葩说》对广告赞助商一直都是很慷慨的，马东对广告主的支持也一直放在嘴上。网友调侃马东，说他是用生命在打广告，每一个广告从马东嘴里说出来都很像说相声里的报菜名一样熟练。从早期的广告收入5000万到如今新一期4亿的广告赞助，《奇葩说》靠内容获得了观众的认可和巨大的资金支持。

小米是第四季《奇葩说》的总冠名商，小米和《奇葩说》举办了一场小米《奇葩说》花式广告大赛——你也可以创作专属的口播广告，然后我们让马东念给你听啊！花式广告大赛，拼网友的创意，马东念出胜出的网友的创意，不断围绕品牌去做文章。而后《奇葩说》邀请小米创始人雷军直接到现场，这也是《奇葩说》开播以来赞助商老板首次亲自来节目现场。

从2015年雷军在印度发布会喊出那句“Are you OK?”后，误打误撞成了哔哩哔哩“B站”神曲，对于雷军来说，自黑式营销很是成功。在《奇葩说》中，雷军更是自我调侃，可谓将接地气做到了极致。

对于品牌“纯甄酸牛奶”的广告植入和宣传，《奇葩说》团队也是花足了功夫，用足了劲儿，竟然发布了“奶后吐真言”活动，搜集网友的金句投票，粉丝参与度满满。

《奇葩说》选手很奇葩

小时候我认为“奇葩”是一个贬义词，是与众不同和特立独行的人的标签，而如今“奇葩”成了一个中性词，成为当下年轻人来理解生活的符号。

《奇葩说》五季100多个辩题，大多是围绕年轻人的感情态度展开的，里面永远不给出答案和对错，只是一种启发式思考，因为年轻人不喜欢说教和答案，也许就是“奇葩”名称的由来。

《奇葩说》开头的片子里都会有句“40岁以上人士，请在90后陪同下观看”，从这句定位的幽默感，就知道马东做节目时的想法。虽然有过央视和湖南电视台的传统综艺节目的从业经历，可是在马东身上看不到油腻的中年男人对于年轻人话语权的误解和代沟。

《奇葩说》第一季，马东带着马薇薇、姜思达、颜如晶、肖骁、范恬恬等开始了不同的综艺之路，这些辩手用他们独特的语言体系为“全宇宙”的网友贡献了一个现象级的综艺节目《奇葩说》。《奇葩说》每一季的点击量都能破亿。如果说第一季《奇葩说》都是非专业选手跌跌撞撞的成长史，那么第二季因为专业选手的加入，越来越有意思，到了第三季，老辩手都慢慢有了阵容强大的粉丝团。

可以说是那些辩手成就了《奇葩说》，同样也可以说节目成就了这些年轻的辩手，相信肖骁、臧鸿飞、颜如晶、马薇薇、范恬恬、陈铭、邱晨、黄执中、艾力、卡姆、姜思达、董婧、大王、胡建彪、欧阳超，等等，里面有你喜欢的。或许你为他们没有晋级而愤怒进而骂导师，或许你为他们的观点而频频点头，或许你觉得他们代表着你，在陈述你内心想表达的观点。

每一个参加《奇葩说》海选的辩手，似乎都是带着故事来的，每一个故事背后都有着不为人知的辛酸，或许就是这样一种生活里的失意才让他们彼此遇见，从此生命里又充满着力量和勇气。如果每一个辩手的故事都要去说，估计一本书都不够。

在《奇葩说》里没有理性战胜感性，也没有感性战胜理性，只有自己战胜自己。每一次辩题的答辩过程都是每一个辩手蜕变的过程，虽然残忍可是有意义。肖骁说过的下面这段话或许能够道出很多辩手陪伴《奇葩说》成长的心声："我刚到《奇葩说》，觉得自己特别鹤立鸡群，大家都叫我少奶奶，大家都喊我蛇精男，那时候我内心就想说一句'去死吧'，我那个时候瞧不起马薇薇，那个时候黄执中话太多我觉得都是废话，慢慢的我发现自己和这个节目一起成长，我发现我不是鹤立鸡群，而是走进鹤群的那只鸡。"

肖骁的成长代表着一个综艺咖到辩论咖的转变，也是众多《奇葩说》选手的一个缩影。有人提出观点就一定有人反驳观点，争辩了五季的《奇葩说》，接下来有没有第六季不重要，重要是无论过去还是未来，我们都能听懂他们表达了什么。

05 戴森——中产收割机，用产品刷屏你的朋友圈

一台2990元的吹风机，你买不买

在戴森吹风机上市之前，大部分人无论在线上购买还是线下实体店购买吹风机，愿意付出的心理预期价格就是300元以内。因为在大多数人心里，一台吹风机定价100元到300元之间是比较合理的。

2019年是戴森进入中国市场的第七年。2012年戴森进入中国市场，当时只有吸尘器产品。2015年是戴森公司进入中国增长最快的一年，营收增幅高达222%。2016年，戴森在吸尘器市场获得33%关注度，可是你是不是觉得在你的周边很少有朋友购买戴森吸尘器？

2016年下半年，戴森 Supersonic吹风机上市。相比传统的吹风机，戴森这款Supersonic定价2990元，差不多是之前吹风机购买者心理预期价格的10倍，可是就是这样看似过高的价格，却因为抖音魔性的社交属性，而收割一批追求时尚的人士购买。2016年的11月11日，戴森在“双十一”活动开始的一个小时内创造5000万的销售额；2017

年11月11日，戴森成了“双十一”小家电品类的销售的第四名。

因为抖音流量的魔力，让戴森这款Supersonic吹风机在网络上大火。从抖音上的视频看，网友购买戴森吹风机不单纯是吹头发，有的人拿来当麦克风在抖音上对嘴型表演，有的人让自己的长发从戴森吹风机中间穿过去露出夸张的表情。一时间一款原本只是吹干头发的生活小家电，却红遍各大社交媒体，刷屏了朋友圈。

除了抖音还有网红必逛的小红书等，种草无数。大量社交媒体都有戴森这款Supersonic的身影，上市不到一年，新浪微博的相关话题阅读超过760万，小红书上有关戴森这款吹风机的文字超过1500篇。

都说消费升级，升级不单是产品还有服务和产品给予用户的价值。在戴森吹风机进入中国市场之前，我们能接触到的大多数是几十元到上百元的吹风机产品。各个品牌从除了颜色有较小差异外，形状都大体相同。戴森产品的价值与价格让自己的吹风机与其他吹风机区分开来。戴森的这款Supersonic吹风机，完全颠覆之前吹风机的外在形象，因为超高的颜值一下就得到年轻女性的追捧。

因为短视频上升期的内容需求使得这款吹风机在抖音上疯狂传播。从外形上看，这款吹风机确实具备社交属性，它能够让女性在社交里觉得自己独一无二。而从实际购买上看，这款吹风机销售也很火爆。当年在各大电商平台搜索“戴森吹风机”，长期处于售罄预定的状态。无论你买不买这款2990元的网红吹风机，反正网上消费者超热的预期和购买行为已经表明，买它下手得快。

有的人调侃“有钱的用戴森吹风机，屌丝用其他吹风机”，这句话听起来比较俗气，可是从内心来说，谁不想成为有钱人？

戴森比女人还了解女人

戴森是从吸尘器产品起家的，有着超强的研发能力和洞察能力。进入中国后研发的产品大多数都是和女性相关：吹风机和卷发棒都是女性必备的变美利器，就这样的红海产品，戴森硬生生开拓出蓝海区域。从某种程度上来说，戴森其实比女人还了解女人。

戴森公司作为技术研发为主的公司，在研发上是花足了功夫，一个专业卖马达的公司从吸尘器到吹风机，能获得这么大的成功，所做的付出能在产品上看出。

无论是戴森的吹风机、卷发棒还是吸尘器，都颠覆了我们之前对于这些产品的印象，看到戴森产品之后我们都要怀疑自己之前怎么会用那样的产品？

明明一堆痛点可是品牌方就是不去解决，或许他们觉得已经很好了，也或许他们根本不用自己的产品。我现在选择一款产品就是从外观开始，一个不注重外观设计的产品我不认为它会怎么重视内在的品质。就像是吹风机，这么多年大家都习惯了传统的热风吹风机，用着很不舒服，总在各级热档换来换去，却没有人去做根本性的创新变革。这一现象和没有喜茶之前的奶茶市场一样，从业者觉得这样就可以了，用户的痛点多多却没人理睬。

戴森发现市面上吹风机的使用缺陷后，又调查大量女性使用吹风机吹头发时候的困扰：头发温度过高、头发损伤、总被卷进吹风筒、吹风时间太长、手拿着太酸。戴森为做出一款解决这些痛点的吹风机，购买了大量的真头发进行试验，经历了18600次拆机组装测试，103名高级工程师，从发质、声学、动力学、气流学、手握度、粘合性等进行了专业的研发，经过4年的不断测试打磨，Supersonic吹风机终于上市。

戴森进入中国市场后成为美发行业的奢侈品代称，吹风机和卷发棒两款产品加起来的价格和一款苹果手机价格近似。在深圳，高端的理发店的首席理发师，都会标配戴森吹风机和卷发棒，似乎一个时尚行业的人不使用戴森产品，就意味着跟不上时尚的步伐——即使摩擦摩擦再摩擦，也只剩下魔鬼的步伐。每一家理发店都会有一个TONY，如今戴森的吹风机+卷发棒可以让普通的TONY老师下岗。

线上评测、社交媒体传播、“双十一”成交、线上评价、线下体验，戴森这套营销组合拳还是很切合市场的，因有足够的市场普及时间和基础，才有后面的爆发式销售增长。

口碑在社交媒体的传播是最大的营销和品牌推广。戴森产品经得起众多玩家拆机测试，也经得起网友的把玩。所以那些觉得自己产品已经非常牛的创业者，如果你的产品销量不好，只能说你的产品还未真正解决用户的痛点，可能你的产品解决是你自己觉得是痛点的非痛点。学学戴森去真实地接触一下使用的用户吧，只是坐在办公室空想用户使用产品的场景，是不能做出适应市场的产品的。

戴森用黑科技让你看到未来

在戴森产品火爆之后，就有媒体开始唱衰国内家电品牌“观念传统、设计陈旧、毫无价值感”。其实对于传统企业转型是非常痛苦的。传统的家电行业门槛低、大量外包和贴标产品，最后在市场都靠价格战夺市场，导致家电企业自身利润越来越低。

我见证过一些传统企业转型时候的种种担忧：第一，放不下已经打拼好的江山，重新去建立新的认知是需要一定时间和魄力的；第二，对于未来的迷茫和不确定是传统品牌共有的问题，放弃老市场去讨好年轻人，成本代价是他们考虑最多的因素。

过去的家电品牌更多的是属于制造业，科技感缺乏。而戴森一直属于科技企业，企业的核心就是创新和设计。一家原本是卖马达的公司，却在设计上如此高要求，可见创新和设计在戴森公司的地位。

火爆国内的网红吹风机让用户觉得未来感十足，什么是未来感？在我看来就是过去十年我们从未见到的设计，过去十年从未有过的角度，你使用它时候觉得特别自信，这就是未来感。

戴森通过产品解决了某类产品一直存在多年的痛点，为什么是戴森而不是别的产品？因为戴森拥有极客文化。极客文化以令人惊异的产品及电影、音乐和游戏引领潮流时尚。极客文化是从国外发展起来的，国外很多技术男对于设计的要求是非常高，而国内对极客文化的理解大多停留在技术层面，设计和技术似乎分层，当然也有结合很好的，比如大疆无人机的设计和技术就结合得非常好。

吹风机这样刚性需求产品，2990元的价格对于中产收入的人群来说，并不敏感，或者说这个定价不算太贵，只是因为吹风机这个品类一直定价在100~300元，相比起来，2990元看起来比较贵。2990元可能相当于一顿好一点的料理的价格，相当于一款入门级别Bose耳机价格。

在同行看来，戴森就是一家家电公司，卖马达、卖吸尘器、卖吹风机，和他们没有区别，都是靠渠道来销售。可实际上，戴森骨子里是一家真正意义上的科技公司。什么是科技公司？科技公司就是通过"技术+设计"形成消费生态，苹果就是一家科技公司。

别人介绍戴森公司的创始人詹姆斯·戴森是工业设计师，而他自己更愿意称呼自己是“发明家”。在我们认知里，爱迪生那样的科学家才是发明家，可是现代文明的发展，使得戴森这样的公司为我们创造出让生活更便利的黑科技产品，从某种意义上说，詹姆斯·戴森称自己是“发明家”也不为过。

真正把产品做到极致的人都是了解人性的，比如乔布斯就非常了解人性，一款手机需要考虑的不只是打电话和上网，而是你的手机是不是与众不同？这款手机给你带来的价格之外的社交价值是什么？这一点戴森公司也做到了，而且做得非常好。

其他家电品牌看到戴森产品的成功，也开始推高端产品，这对于家电行业的唤醒是件好事，可是不要只看到戴森设计的表面，而忽略了背后多年的技术沉淀。当然，国内也有做得比较好的，2017年，“小狗吸尘器”推出一款无线吸尘器，很明显带有互联网属性。

社交媒体上给予戴森的关键词是“黑科技”“未来感”“很酷炫”“家电行业的苹果”等。在如今的消费市场，年轻用户除了追求性价比外，更多的是追求内心那份满足感和平衡，这一点很多人需要时间才能理解，因为这份时间上承载的就是你们的未来。

戴森——中产阶层的收割机

中产阶层这个群体就是戴森定位的使用群体，他们可以花几百万甚至上千万买套房子，使用护肤产品都是几千甚至过万的，身上背的包包也有十几万的限量版本。对这个阶层的人士来说，产品本身价值已经不那么重要，谁会花十几万买个包只是装东西？戴森的价格精准定位中产阶层，他们愿意接受未来感的设计，他们觉得这就代表着稀缺和引领。

从技术层面上分析，戴森吹风机运用隐藏式电机代替传统的风叶，这本身就是技术层面的迭代更新，未来感的产品一定是需要创新技术去引领才能得到中产阶层的青睐。不少人对戴森在技术上投入，是持怀疑态度的，他们可能觉得技术投入是一部分，更多的应该是营销投入，只有包装和造势才能引起注意。从戴森产品来看，营销对于品牌来说一直是实现价值的部分，如果产品本身价值足够，营销就很轻松，可是如果产品不够惊人，再多的包装也是没有用的。戴森就是把产品做到极致，通过推陈出新的黑科技，即使高于同类产品10倍的价格，也不能阻碍中产阶层的喜欢。

从选择市场方面，戴森选择在上海开国内发布会，这个定位是对的。追求美和精致生活上海是有历史的，在这个城市，卷发棒一定有最大的市场。看那些看起来已经70岁的上海阿姨，还时不时去烫个波浪发，就知道卷发在上海这座城市是不分年龄的。

戴森目前公司业务3/4增长是在亚洲地区，中国是亚洲地区增长最快的市场，而上海成了戴森全球销量第一的城市，很多明星都是戴森产品的粉丝，比如关晓彤、李冰冰、张歆艺、赵薇等，都曾在社交媒体晒过使用戴森产品的照片。

从营销对象来看，戴森的销售数据表明，吸尘器购买群体男性多于女性，可见中产阶层“大玩具”的购买一般由男性决定。吹风机购买也男性多于女性，这就表现出戴森产品的礼品属性，男性给老婆或女友送礼物，戴森是一个不错的选择。当然也有女性自己购买使用或者送闺蜜的。

营销渠道方面，戴森在国内市场运营除了在小红书、苏宁、亚马逊、京东、阿里等平台，还有自己的微商渠道。因为新零售的模式，戴森还陆续在很多城市的商场开了线下体验店。在深圳欢乐海岸购物中心一楼就有戴森的体验店，未来戴森会开越来越多的线下店。

在了解戴森中的想象对手之后，你就会知道为什么中产阶层会喜欢它？因为它的竞争对手是沃尔沃和特斯拉，这两个品牌都是都市精英特别喜欢的品牌，戴森不觉得自己的对手是松下和格力，所以戴森研发电动汽车是合理的，所有动力核心对于一个曾经卖马达的公司来说都是轻车熟路。

一个来自英国的家电品牌，却在中国市场卖到爆，创始人还在开发电动汽车，戴森的电动车不知道会不会成为特斯拉的下一个竞争对手？希望有一天能够在路上看到戴森的电动汽车，看看戴森设计出来的电动汽车会和特斯拉有什么不同。

第三章　连接的意义

01 拼多多3亿用户背后的消费，不只是低价和拼团

拼多多，刺破电商天花板的那道光

可能大部分人觉得电商已经被阿里和京东两大巨头吃得没有机会了，网易严选和考拉网并不能撼动这两大巨头的地位。可是拼多多的迅速崛起却告诉我们，电商的天花板并没有到顶，还有很大的空间和机会，只是因为我们对巨头的畏惧而忽略了对机会和方向的思考与努力。

拼多多是一款手机购物APP，成立于2015年9月，用户通过发起和朋友、家人、邻居等拼团，以更低的价格购买商品。拼多多旨在凝聚更多人的力量，用更低的价格买到更好的东西，让用户得到更多的实惠和体会更多的购物乐趣。

在一片质疑声中拼多多作为“新电商第一股”于2018年7月26日正式在纳斯达克挂牌上市，按收盘价格计算，拼多多市值超过300亿美金。京东用了10年时间上市、淘宝用了5年时间上市，而拼多多只用了2年多就完成了上市。

拼多多的创始人黄铮在拼多多上市后，对于对手阿里是充满感

激，因为没有阿里对于电商行业的贡献和对快递、支付和电商基础的建设，也就没有今天的拼多多，这一点和滴滴出行的创始人程维感谢智能手机的发展心情是一样的。因为淘宝当年起家的时候物流不发达、支付不完善、消费很初级，如果说淘宝是种树的，那么拼多多就是收获果实的。

拼多多采用的是社交型电商模式，与阿里系的淘宝在用户人群上有一定的重合，当然天猫的流量很大程度都是从淘宝导入因此也有与拼多多重合的用户。京东核心品类是3C电器，玩社交电商还属于门外汉。淘宝主打女装品类，而从拼多多销售数据看，排名第一的是食品品类，这就再次印证那句话——没有解决温饱问题的情况下谈情怀和梦想都是奢侈的。

就在淘宝和京东低估拼多多流量的时候，拼多多看到了三四五六线城市甚至乡镇的市场需求：团购，拼单凑团让人忙得不亦乐乎。我就看到老家的同学在朋友圈和微信群里经常发拼单的链接。可能很多人认为拼多多的低价就是拉低整个市场的消费，而实际上它带动了整个市场的消费速度和需求。

拼多多一直自嘲采取的是“北京五环里的人看不懂的商业模式”，其实中国农村人口基数非常大，拼多多的出现激发了这一群体的购物需求，也许之前这些人是在小超市买打折和清仓的物品或者能不购买就不购买，而拼多多的上线让他们不用出门就可以买到便宜的生活用品。

过去，淘宝靠聚划算这样的低价入口，吸引了大量追求性价比的用户。因为聚划算让淘宝的整体形象有拉低的嫌疑，与整个阿里的消费生态相冲突，所以2016年，淘宝为了自己的高价流量而不得不砍掉聚划算这个入口，这一举动却伤害了不少中小商家，这批中小商家就往京东和拼多多倾斜。现在，拼多多用户规模已经到达淘宝用户的一半，和京东的用户总数不相上下。

拼多多3亿用户真实反映了四线到六线城镇用户消费方式：只要价格便宜，他们对产品品牌要求并不是很高。在很多一线二线城市群体认为拼多多是消费降级，因为这些人不是拼多多用户，他们并不在乎拼多多的产品和价格，可是对于拼多多3亿真实的用户来说，拼多多给了他们一个全新的购物方式，一个用更低的价格获得更好的商品的方式。

拼多多背后连接着众多的农村用户，开创了农村电商的新模式。淘宝农村电商在很多地方形式大于内容，对于农村用户的需求不甚了解。而从对用户的尊重上，拼多多更胜一筹，从上市邀请农民用户去现场敲钟就可窥见一斑。拼多多对用户是发自内心的尊重，它用最真实的商业行为刺破了电商行业的天花板，成了众多拼多多用户内心的那道光。

拼多多，到底多了什么

我是没有用过拼多多的，我相信很多看这本书的读者也没有用过，不过应该有不少人会因为好奇去下载一下拼多多这个神奇的APP，想看一看之前从未见过的电商模式。

可是我相信一部分人不到10分钟就会卸载这个APP，因为这一部分人不是拼多多的目标客户。拼多多能够分割阿里和京东电商流量，不是因为它的APP界面设计得多顺畅和美观，也不是因为它的交互体验做得比其他产品好，而是因为它精准锁定目标用户群体和独到的内部商业模式。

所以下载一个APP并不能了解真实的拼多多，因为你永远无法站在一个实际用户的角度去完成一次拼多多的购买。我们都是从自身的视角出发，关注点在自己周围的群体，可是拼多多的用户本科生只有4%(数据摘自美团CEO王兴朋友圈)，收入低、想购物、无法承担更高的消费的群体，他们选择的是拼多多。

拼多多因为假货问题，上市后没有太多祝福反而收到了不少诋毁和谩骂，看上去好像假货横行是拼多多的错？拼多多上市后，爆出平台售假，众多品牌与拼多多维权交涉。网友们则把一些在拼多多上的假冒品牌发到社交媒体作为吐槽的素材，比如“红午”功能饮料、“云南中药”牙膏、“TGL”电视等，日用品和家电品牌是维权的重灾区。可是没有拼多多，那些所谓的山寨货和假货难道就不存在吗？

骂拼多多的一般两种心态：嫉妒和自恋，有的是边骂拼多多边抄袭它的模式，有的是一边骂一边还在拼团购买。在我认为，一个农村电商，有3亿用户、300亿的美金市值、用两年多的时间上市，不管怎样都是值得敬佩的。

很多人认为把拼多多赶出市场，就可以解决假货和山寨货的问题。这个逻辑就像是很多人一直认为黄牛党扰乱了春运票务市场，可是往深处想一想，没有黄牛就可以轻松购买春运回家的票了？春运车票难买本质是提供的车位少于需要回家的人数，所以有没有黄牛春运回家都是很难抢到票的，只不过黄牛使得购票的成本远高于票面价格。这确实也是一种扰乱市场的行为，却不是票务紧张的根本原因，取缔黄牛并不能解决春运票务紧张。同理把拼多多赶出市场，并不是解决假货和山寨货问题的根本之策。

拼多多多的只是低价和团购吗？很多人瞧不起拼多多，认为拼多多太低端、太俗气，低端不低端，俗气不俗气得看谁来看。比如有人觉得听古典音乐比较舒服，也有人觉得听乡村民谣比较顺耳；有人觉得抖音比快手格调高，也有人觉得快手比抖音接地气，产生这种分歧只是看问题的角度不同而已。所以拼多多多出来的不只是低价和团购，更多的是用户彼此间的宽容和理解。当然拼多多不只是帮助用户省钱，更多是用最少的钱为用户带来更多的乐趣和体验。

每年过年从一线二线城市回老家的都市白领们，可以很明显感觉到老家那些小的百货商场和市集上的东西质量还不如拼多多的产品。当然拼多多背后的问题是需要国内更多良心企业去解决，不只需要一家而是需要很多家。

拼多多替3亿中国用户发声

在很多人看来拼多多就是一个卖便宜货的平台，它是一路被众人忽略而快速成长起来。

长期住在五环以内、习惯喝星巴克、出门开特斯拉的精英阶层认为这样一个平台，可以实现上市是匪夷所思的。因为大部分人有个认知：产品一味打折最后就是死路一条。小米为中国智能手机推广作了很大的贡献，阿里为国内的支付生态也是砸了不少钱，淘宝和京东对于假货的态度是零容忍，让心存侥幸的售假店铺无生存空间。

在国内整个消费形态升级过程中，大部分人购买力持续上升，高价格和高品质似乎成了人们生活里最愿意谈论的话题，微信的朋友圈让也国人过上了看起来有品质的生活。在大量的媒体都在讲品质为先的时候，在众多自媒体都认为产品为王的时候，在苹果一个发布会都可以牵动几万粉丝的心的时候，只有黄铮的团队看到了价格以外和名品以外的商机，假设当时拿着这个商机和任何成熟的电商创始人去聊，估计都会被当成笑话搁置一边。

拼多多的核心就是拼团、砍价，销售的主要品类是高频消费的水果和纸巾……拼多多理解有大量的人想买便宜的东西，只是找不到合适的地方。拼多多的销售逻辑和之前线下路边店的“清仓倒闭处理十元店”是类似，切中的就是这部分群体的需求。拼多多对于下沉用户消费习惯养成是有一定推动作用，看似简单的社交拼团模式，一些品牌效仿都没有成功。

很多的产品到达五六线城市的乡镇或农村，物流成本特别高，再加上中间代理商加价，也许一个成本并不高的产品，到用户手上价格可能翻了几番，本来在购买力范围的产品却因为高昂物流和加价导致用户买不起。对于企业来说，用拼多多销售比用代理商模式更合适，因为有些传统企业就是被漫长的货款结算方式给拖死了。原本线下不适销对路的产品入驻拼多多后，找到了精准的用户群，让用户用更低的价格买到了他们觉得合适的产品，从而分摊了工厂的成本，快速解决工厂的资金链问题。

在现阶段，还是有很多人无力购买品牌溢价高的产品，拼多多很好解决这部分人的需求。不能说购买卡地亚才是爱情，买普通银戒就不是爱情了。人在不同阶段购买需求就会不一样，在解决温饱阶段就是用最少的钱买最合适的东西，在小康阶段就可以买自己喜欢的品牌，用溢价高的东西来满足内心需求。朋友圈天天转发的UGC的鸡汤，在精英阶层可能会觉得很俗气很无趣，可是就有人需要它。

如果在当下去顺推拼多多或许你觉得它错了，可是按照结果反推拼多多的时间节点你又会觉得它是对的，对与错已经不那么重要。拼多多的买家年度活跃消费平均890元，年度活跃买家数是3.855亿人，它成为3亿用户的最佳发声平台。

拼多多不为消费降级当替罪羊

拼多多采用“团购+低价”让更多产品迅速渗透到四五线城镇。一般拼多多首页推荐的产品最少能够销量几十万件，这是很多传统电商想都不敢想的数量。在消费分级的时代，拼多多又盯上了小镇老年群体，因为他们是购买低价高频产品的主要客户群体，他们用着智能手机，学习线上购物，开始慢慢习惯不去线下排队买生活用品，让自己的身体得到解脱和释放，体验着线上购物的便利和快乐。

低价消费行为在一二线城市也是存在的，只是没有四五线城镇那么明显，毕竟对于一二线城市的一些中产阶层是高负债中产，这部分中产群体外表看着光鲜，但是车子按揭、房子按揭、保险每个月按揭，首付也是东拼西凑，更有为了一个LV包刷信用卡分期……再加上如今消费者理性成熟的消费，很多不愿意为商品高昂溢价买单，被专业人士认为这是消费市场调整中的修正。

永远不要用同一标准去审视所有人的消费行为。数据表明，拼多多的用户在拼多多的购买行为实际是消费升级，只不过相比中产阶层来说是低于他们消费的水平线。当然拼多多降的是价格而不是品质，不是所有消费者愿意为高昂的价格买单，也有消费者不愿意为品牌溢价部分买单，这群人的消费是理性的，追求物美价廉的产品心理没有错，要不“名创优品”也不会那么火。不是每个品类都是需要有品牌的，很多小工厂生产的无牌产品质量也不差，只是因为没有品牌，有些消费者认为不可靠。

5年前，我们在路边摊撸串、在路边摊吃油条喝豆浆，5年后，一些卖串的、卖豆浆油条都有了品牌，我们开始享受更好的环境和更干净卫生的产品。当然，5年前我们喝杯奶茶10元以下，如今一杯喜茶平均都要20元。消费行为的升降级不是价格定的，不要因为拼多多主打低价就认为它鼓吹消费降级。购买低价行为一直存在，相比很多奢侈品来说购买HM难道就属于消费降级？所以用低价购买行为给拼多多套一个消费降级引导者的帽子，似乎不太合适。

如果拼多多是消费降级，那么在闲鱼购买二手产品的年轻人就是消费降级的领头群体，这两个平台都是用更低的价格去满足用户对于商品的需求。共享经济让很多人提前享受了生活的美好，或许不是每个人都需要感受购买新产品、奢侈品牌的那份喜悦，在闲鱼买个二手相机拍照也不影响旅行的心情，当然也不会因为后期数码产品的贬值而闷闷不乐。

经济结构的调整带来的是消费趋势的变化，拼多多让越来越的农村人群的消费行为发生改变。从目前整体看来，这部分群体的消费不但没有降低，反而处于不断迭代升级的状态。拼多多服务于中国最广大的群体，他们使用拼多多是消费升级而不是消费降级。北上广深的局部现象代表不了整个中国，消费升级与产品客单价没有必然联系，是时候撕下贴在拼多多身上的“代表消费降级”的误解标签了。

02 这些品牌比年轻人的父母还更懂年轻人在想什么

Bottle Dream瓶行宇宙，年轻人的可持续生活方式

Bottle Dream瓶行宇宙是国内第一个专注社会创新的平台，2017年10月，该平台成为国内首家媒体型共益企业。在国外，已经有2000家企业获得相关共益企业认证；在国内，大多数人对共益企业还是比较陌生的。共益企业是一种为营利企业去解决社会问题、创造社会价值，追求“商业向善”提供支持和保护的全球趋势，一种面向未来的企业形态。

国内的共益企业虽然不多，但都在不同的行业快速发展着，每一家共益企业都有一套完整的发展体系。国内首家共益企业是中欧商学院的一些校友共同创立的。有一次他们以校友会的名义去参加一次马拉松比赛，一个校友因为心脏病突发救助队伍没及时赶到而猝死了，所以他们就此成立了一个专业做赛事救助的公司——“第一反应”。之后陆续出现了其他类型的共益企业，就是在这样的环境下，Bottle Dream拿到了国内首家媒体型共益企业的认证。

Bottle Dream瓶行宇宙在社会创新领域一直坚持优质内容输出长

达6年，他们只想做好一件事情，那就是：创造最棒的社会创新内容。为了挖掘和发现不同领域有关社会问题的创变者，团队走遍全世界，他们希望能够开发出一套独立的属于Bottle Dream自己的语言体系，能够让年轻人在利他的观念里重生。Bottle Dream致力于：让有意义的事情有意思。这句话很容易理解却很难做到，因为很多的事情从不同方向得出的结果是不一样的，没有绝对的对与错：或许你觉得活动越多人看是有意义、或许你活动不断被转发是有意义、或许你觉得解决社会问题得到启发是有意义。当然，在这些有意义之前有个前提就是所传播的活动是有价值，否则无论如何传播都是没意义，更谈不上有意思了。

Bottle Dream瓶行宇宙曾经引入台湾的一个检查女性乳腺癌的项目“午后奶察”，只需6分钟就可以让女性做一个快速的乳腺癌筛查，没有冰冷的医疗体验，没有漫长的体检等待。这就是Bottle Dream“让有意义的事情有意思”理念的践行。

更多年轻人关注到Bottle Dream大概是在2017年5月20日上海“瓶行宇宙”线下创变者活动。这次活动关注一个社会问题：浪费。活动联合21个共创方（京东、联合利华、网易新闻、优酷、黄油相机、宜家、老板电器……），线上直播有1100万+人次观看，线下线上多方渠道传播受众高达2亿人次，该活动还被央视《焦点访谈》报道。

每一年Bottle Dream都会举行瓶行宇宙大会，每一年的“瓶行宇宙大会”都是希望让参与进来的人留下一点关于方向的思考和对未来的期待。每年大会的主题都是Bottle Dream通过一整年的思考筛选出来的。瓶行宇宙拥有一套自创的完整的编写题目的方法，因为具备系统性和方向性，所以瓶行宇宙所有的题目都是与每个人生活相关的。

当然，每一次大会瓶行宇宙都会把全世界有意思的创变者请到中国，让他们带着自己的产品从线上走到线下，在帮助这些品牌推广的同时，也让Bottle Dream瓶行宇宙有了自己的商业盈利模式。

这个世界的改变与我们每个人的行为密切相关，对于普通人来说，公益似乎离我们比较遥远，可是如果你愿意，你也会成为解决问题的内行，带着平等的态度多去了解你生活身边的公益和创变吧。

青年志重塑游牧时代的年轻人

如果你愿意去了解90后和00后，你会发现他们中的大多数不符合你之前的印象。个性、耍酷、火星文、不确定、不合群、丧等是时代对于当下90后和00后群体的最大误解，这是媒体给他们的标签而并非真实的他们。

国内有家叫青年志的公司专门研究青年群体和青年文化，他们用长达10多年的时间研究和数据跟踪分析，证明放在时间的大平原时代，所有的年轻人其实都差不多，和时代没有任何关系。20世纪70年代的年轻人有个性突出的，也有丧的；有不安现状折腾不止的，也有过平淡日子的。而2019年的年轻人一样，有性格鲜明的，也有追求大众的；有想创业的，也有想在单位工作一辈子的。

1）游牧时代的年轻人

在刚刚过去10多年，固有经验和一些传统的上升途径出现分层。如果你去问95后和00后的父母，他们最想孩子从事的职业，前两名一定是公务员和事业单位。因为在这些父母看来，进入公务员和事业单位，孩子们这辈子就衣食无忧了。而对于95后和00后呢？据调查，现在他们最向往的新型工作是玩直播、做网红。这是他们父母永远无法理解的职业，但是他们的孩子却如此热衷，为什么？当下年轻人对于品质生活的理解，和他们父母那一代对于未来稳定生活的理解，永远不在一个通道里，当然思考方向也就不一样。

如今很多年轻人从事的职业在他们父母看来都属于“不务正业”。为什么？因为他们父母接受的是正统职业，对职业的认知在过去几十年可能都没有迭代升级，所以出现了认知上的差异。70年代和80年代的人觉得为了拥有一个不错的未来，牺牲当下的时间和成本是值得的，设定目标然后通过努力去实现目标。可是90后和00后觉得如果当下都过得不好，根本不可能拥有一个不错的未来，他们觉得当下就是未来。因为未来充满不确定性，所以你们感受到丧只是年轻人对未来的一种情绪表现，当下的年轻人一点都不负能量，相反正能量满满，活在当下。

20个世纪的年轻人进入体制后，很多都在体制里干一辈子。而如今的年轻人，大学学的专业和毕业后从事的工作很有可能完全不相关，很多还是斜杠青年，他们用自己兴趣给自己带来不错的收入。90后和00后是整个互联网共享经济和社交媒体的核心客户群体，他们可能通过玩游戏挣钱、玩直播挣钱、看演唱挣钱，这些对于20世纪的年轻人来说永远无法想象。

青年志把如今的年轻人随遇而安、快速适应、为当下而活的生活方式称为“游牧”，在游牧时代的年轻人，具备“自治性”和“流动性”。他们不再依赖父母的婚姻经验、同事的工作经验、朋友的生活经验，却又享受社交便利带来的红利；他们不喜欢憧憬未来，却希望打碎一切，用当下每一个自己真实的脚印重新规划出自己的人生路径；他们喜欢猫式陪伴成长却又不惧怕外界看待他们的眼光；他们可以一天在社交媒体上和并不认识的陌生人聊天，同一个人的聊天或许是下个月或许永远没有后续。

2）青年志重塑游牧时代的年轻人

以前的消费是为了满足某种匮乏，而90后和00后生活在物质丰富的时代，他们大多数的消费都不只是满足一个匮乏，他们体会不出物质匮乏的意义，他们的消费多是为了满足内心的愉悦，或者用消费来实现解压，他们喜欢消费里的连接，而不单纯是物质的拥有。

比如年轻人出去旅游喜欢使用Airbnb预定民宿，因为对于他们来说，民宿不只是居住，还能因为独特的空间与当地人产生连接。优衣库的动漫T恤可以被炒到很高的价格，这个在过去看来就是一个衣服而已，有什么好收藏的？因为对于时下的年轻人来说，品牌不单纯是溢价，更多的是选择。这就能理解过去一些很火的品牌在如今的大平原时代不再辉煌，因为消费主体改变，而产品本身的属性并没有改变，与身份不符合的品牌，年轻人自然会排斥它。

在如今城市化进程中，人群的个性化和生活方式的互联网化，让越来越多的年轻人只选择他们认为符合未来趋势的商业形态，这也是为什么很多传统品牌去改变，去迎合年轻人，可是即使是这样，年轻人也不一定买单。

年轻人曾经只是消费通道里的末端，只能被动的消费。而如今的年轻人是文化的塑造者，能够引导品牌按照他们的意愿去改变。《中国有嘻哈》节目很火，因为那就是当下年轻人文化的一种外在延续符号，我们可能会觉得他们是在塑造社会文化，其实是文化通过他们的群体去影响社会。

从未年轻和终将年轻成为每个时代年轻过的我们必经历的话题，慢慢的90后也会步入中年，他们年轻人的身份也会被打破。在任何新事物到来的时候先不要完全否定，因为可能你是错的，在20世纪玩游戏是不务正业，可是当时谁又会想到21个世纪玩游戏成为国家级别的体育竞技项目？曾经我们只能去学校学习知识，如今自媒体的发展，实现了足不出户的在线教育。

如今的90后和00后永远在矛盾里度过每一天，矛盾点是什么已经不那么重要了，关键是在每一个选择的时候年轻人知道他们当下所需要的是什么。他们或许早上在视频网站付费看视频，然后中午吃饭的时候又会去咸鱼买一个二手的数码相机，下午一边用拼多多购买零食，一边又买了各种知识付费的课程，晚上又会在朋友圈给吐槽知识付费的订阅号文章点赞留言，当然也可能在睡觉之前把下周的日本之行的酒店全部预定好。

在如今大平原的游牧时代，我们相信商业一直在回归，年轻人没有变老，因为他们一直在用自己认为对的方式理解他们所生活的这个时代。

故宫博物院文创，从未让年轻人失望过

要说当下年轻人最喜欢的文创品牌，非故宫文创莫属。故宫文创把时间长河里一直严肃的皇帝们变得和蔼可亲，让年轻人觉得很有趣。

故宫博物院，一座快600岁的宫殿，在社交媒体上拥有超过770万粉丝，每年参观游客1700万左右。2018年中秋夜它还举办一场灯会，一个已经沉淀多年的文化圣地，越来越亲民，我们蓦然发现，故宫博物院原来骨子里依旧年轻。

可能因为宫斗戏看多了的缘故，作为宫斗的发生地，故宫产品没

点戏份似乎也不符合常理。

2018年12月9日，“故宫博物院文化创意馆”的微信公众号推送了一篇《故宫口红，真的真的来了》的文章，预售一只199元的口红，在两天内订单突破3000支，其中网红色口红订单突破2000支。

比较尴尬的是，“故宫淘宝”在微博写文撇清关系：“目前市面上见到的所有彩妆并非我们所设计。”虽然发布后很快删除了微博，但紧接着的12月10日，“故宫淘宝”又发布了一篇名为《故宫彩妆，明天见》的文章，除了宣布发售8款彩妆产品外，还特意在文末强调：“以上是故宫淘宝原创”。

吃瓜群众惊呼：宫斗戏来了。

2018年12月20日，故宫淘宝发文称再推出口红套盒，这篇文章不到10分钟就突破了10万的阅读量，而口红套盒开售后不到一小时5000套全部售罄。

很多吃瓜群众一直盯着这场口红宫斗戏。从经营主体来看，“故宫文创”似乎比“故宫淘宝”更正统。无论两个故宫文创载体如何说对方的不是，依旧不影响各自的口红销量，可见年轻人还是很愿意为故宫口红买单的。

其实早在2017年，“故宫淘宝”就提出了“假如故宫进入彩妆世界”的设想。对于故宫彩妆，网友们早在网上讨论出很多可行性意见，比如有网友建议发布宫墙色口红系列、皇帝玉玺腮红系列、花画鸟眼影系列等。由于故宫文创隶属于故宫博物院经营管理处，所以设计审核非常严格而且周期比较长。

对于两家故宫文创的网上争斗，作为故宫博物院当家人单院长发表言论：“这属于正常商业事件，谈不上宫斗。”

目前在网购平台和故宫博物院相关店铺有几家：专门卖故宫门票

的故宫博物院官方旗舰店、售卖创意生活用品的故宫博物院文创旗舰店、出售书籍字画的故宫博物院出版旗舰店、主打萌系路线的故宫淘宝。另外，故宫博物院独家授权的“朕的心意”旗舰店，专门卖宫廷食品，你看到的宫廷电视剧的小糕点很多都是出自这家店，你要是感兴趣也可以在网络购买品尝一番。

年轻人似乎更喜欢故宫淘宝，它粉丝数量有250多万。“故宫淘宝”因为一篇《雍正：感觉自己萌萌哒》动态图片获得10万+的流量，一夜之间让雍正皇帝成了年轻人心里萌萌的IP形象。故宫淘宝里最为人所熟知可能是故宫小猫摆件，超萌超迷你，每一只都有自己的名字。故宫淘宝也会根据不同的节气和时令设计不同款的故宫周边产品。

600年沉淀的厚重的故宫博物院却如此不高冷，故宫博物院打破之前旅游纪念品单一化、复制化、同质化，愿意用新的设计捕获当下的年轻人，让他们在消费中自发传播历史和文化，这是新消费时代下故宫博物院的思路。让600年的故宫博物院撩一下，感觉如何？

无论哪种形式哪个新物种，能够真正站在年轻人角度去发现问题并帮助他们解决问题，年轻人就会可信赖。Bottle Dream、青年志和故宫博物院文创只是众多年轻消费品牌里的新物种代表，每一个被你看到的这些信息流量背后，都是千万年轻人真实生活的片段，我们可以从这里面了解到当下最为真实的年轻人的状态。

03 不按常理出牌的他们，却留在年轻人的朋友圈

彩虹合唱团——搞笑外表下的严肃创作

最近一次看到彩虹合唱团还是在第三季吐槽大会快结束的时候，他们贡献了吐槽神曲，团长金承志表情依旧是那么贱贱的。

上海彩虹室内合唱团成立于2010年，最初由上海音乐学院指挥系学生自发组织成立，后逐渐吸收社会各界的合唱爱好者，发展为一个充满活力、富有探索精神的青年音乐团体。合唱团现任艺术总监为青年指挥家、作曲家金承志先生，团员则由来自海内外各个领域的合唱爱好者组成。

彩虹合唱团确实打破了以往我们对合唱团的认知，毕竟之前我们认为合唱是非常高雅的艺术，虽然具有极高形式的美感，但是不太能够引起年轻人的共鸣。而彩虹合唱团却以段子形式，把很多互联网上的热点通过合唱的方式表现出来，让严肃高雅艺术以接地气的姿势展现，结果大受年轻人的热捧。

被年轻人传播最广泛还是那首成名神曲《张士超你到底把我家钥匙放在哪里了》，这首神曲在B站的播放量超过220万。随着这首歌

曲的走红，彩虹合唱团的团长金承志也火了，网友戏称他为“合唱行业的PAPI酱”，而他戏称自己是“合唱行业的牛肉酱”。

在彩虹合唱团之前，似乎没有哪个团体能够打破常规让高雅的合唱形式如此贴近年轻人，彩虹合唱团却做到了。这个和传统品牌打破自己固有的营销模式是一样的，年轻人用流量为自己的喜好鼓劲，进而促进了行业品类洗牌和迭代。彩虹合唱团能在互联网走红也是与正在升级和迭代的消费方式和年轻人更新的审美有一定内在联系。因为时代在改变，我们也在改变。

金承志曾经不止一次说过合唱其实依旧是严肃的，只不过表现形式更加年轻化，可是谁又能感受到那些好玩有趣背后的严肃创作呢？

2017年春节，刷屏很多年轻人朋友圈的神曲《春节自救指南》，深刻反映了年轻人回家的种种尴尬场景。该曲通过古典音乐形式展现，开场舞曲让众多年轻人笑中带泪。其实年轻人过年压力一点都不比平时在城市打拼的压力小，过年时让内心逃离家乡成了当下年轻人真实的渴望。这首神曲我看了不下20遍，每一次都会觉得非常好笑，视频后面小号部分能看出金承志内心似乎有一定崔健情结，这是整段视频最有亮点的地方，不信你可以看网友弹幕是如何评价这段小号演奏的。

彩虹合唱团的作品更多表达了在都市打拼的白领群体的心声。从表面上看彩虹合唱团合唱的歌曲商业价值大于内容价值，但是真正得到群体共鸣还是合唱背后内容反映的白领群体的心理状态和精神消费方式。很多都市白领都戏称自己为农民工，在都市的职场环境中，快速迭代的职业竞争和都市高成本的生活，让这些表面看起来光鲜的白领们内心充满着对于未来和职业的不安全感，受过良好教育的他们不仅要一直学习行业新知，还要把生活过得有品位，他们对未来伴侣表面没有要求却可能一直单身，内心与现实的矛盾让这些职场白领们通过观看彩虹合唱团的演唱和通过吐槽的方式来寻求那份安定和愉悦。

彩虹合唱团的很多成员并不是专业音乐人士，只是因为对音乐的爱好才走到了一起。音乐和吐槽让我们从彩虹合唱团每个团员身上寻找到了乐趣和真实。

每一个个体都是时代最真实的一部分，面对外界和一些同行的质疑，金承志认为当下彩虹合唱团还是安心做好自己的本分，其他的舆论和质疑都交给时间。至于彩虹合唱团能够火多久，这个问题金承志认为应该交给时间来回答，而不是彩虹合唱团。

猫王复古收音机用销量赢得年轻人的青睐

认识猫王收音机，还是在刘厂长的品牌课上，刘厂长在课上分享了这家在深圳的创新科技公司的案例。猫王收音机并不在收音机市场上与其他品牌竞争，它其实切入的是礼品市场。相信很多人在送礼这件事情永远纠结：“如何用最少钱买到最有品质的礼物？”因为送礼也是在送购买者自己的品位和面子。

2010年，曾德钧创立猫王收音机，这一年他已经年近花甲，这个大半辈子都在与音响设备打交道的老技术人员，用原木的形式，把传统收音机和蓝牙结合，在设计中实现了复古和现代元素的平衡。

2014年，猫王收音机开始众筹，获得第一批种子用户。最开始众筹的第一代猫王收音机主打精英中产阶层，价格定在2800元，这个价格在线下是没有任何优势的，但是它在线上通过众筹的方式过滤了不必要的传播成本，通过众筹的60万元使得一群志趣相投的人对猫王收音机产生了情感上的共鸣。

2016年，猫王收音机入驻天猫，当年在天猫的销售业绩是接近1亿元，这个成绩在当时的收音机市场已经非常了得。

也是2016年，猫王收音机推出小王子系列，主打嬉皮风格，定价在300元到400元之间，其中一款奥黛丽粉直接卖断货，猫王小王子一度成了天猫平台最受年轻人喜欢的单品。在猫王收音机天猫旗舰店，到处都是奥黛丽粉色款的买家秀和对产品的赞美留言。无论设计还是定价，猫王收音机小王子系列很明显是切入年轻人市场最为合适的一款产品，当然小王子系列的火爆并不完全代表猫王收音机产品的未来方向，曾德钧希望猫王收音机产品丰富、结构立体化、价格体系层次化。

因为猫王收音机的知名度，Zippo和它达成了品牌互动合作。在深圳，很多书店文创区域都可以看到猫王收音机与书搭配的陈列，线上渠道猫王收音机还和喜马拉雅FM、吴晓波频道和罗辑思维等垂直内容电商品牌有深度的合作。

其实大家对收音机都有一个刻板印象：大学生夜晚收听、老人退休收听，似乎与时下工作的年轻人没有什么关系。对于处于淘汰状态的收音机，因为互联网和年轻人消费更新又重新回到了我们的视线。猫王收音机因为有蓝牙链接所以具备音箱的功能，对于生活和工作在小空间的很多年轻人来说，猫王收音机的大小合适、携带方便，外观精致、网红感十足，拍照发朋友圈的时候放一个猫王收音机，年代感立马呈现，照片瞬间显得高级了很多。

猫王收音机连接了年轻人的生活方式，这本身比产品更为有趣。我写这本书的每个晚上都在用猫王收音机小王子系列播放音乐。与品牌最真实的接触，就是购买和体验，而对于猫王收音机，从进入你生活的那一刻开始，其实你内心就已经向美好投降了。

没有Keep的朋友圈，都不好意思说自己是玩健身的

我自己从不健身，可是却有不少健身的朋友，我问过一些健身的年轻人，他们中的很多都说没下过Keep应用的人都不是真正的健身爱好者。其实很多去健身的人也不单是为了健身，和网上段子一样“健身10分钟，拍照2小时”，虽然是段子却真实地表达出如今年轻人健身不只是为了健康和减肥。

Keep是一款具有社交属性的健身App，用户依赖性比较强，主要靠用户自身运营和社交传播来激发新的用户加入。相比专业的健身，Keep相对零碎，专业资深的健身用户并不多，很多都是运动小白，他们有很强的健身意识却不是专业的健身爱好者。他们喜欢上课，愿意购买健身装备，也愿意把健身记录分享到朋友圈去实现自我社交炫耀的需求，所以Keep会为用户提供一系列的数据记录、分享和评估功能。

Keep一开始切入健身市场是因为线下健身教练门槛太高，很多人对传统健身房的印象就是办卡，大多数人消费一次两次就放弃了，而健身房关门老板卷钱跑路的社会新闻层出不穷，也让人们对传统健身房的信任度降到最低。健身房大批倒闭的现象背后其实是健身内容兴起的机会，小型零售形式成为未来健身行业的一大方向，按次付费相比传统的健身年卡更为贴合当下年轻人对于健身的需求，也解决了健身房的信用危机。

Keep发展到现在已经拥有1.2亿注册用户，当然Keep还有课程和线上商城。Keep通过线上课程引来了高流量，线上课程更多的是解决基础层面和健身小白认知扫盲的过程，当然这个过程也是培养用户

健身习惯和黏性的过程。

需要变现的Keep团队，开始试水线下店Keepland，瞄准的是商圈场景，整个线下店的核心是健身小团课，通过解决线下传统健身房的痛点和用户的信任危机，让对健身进阶有需求的用户通过Keepland完成进一步的提高，Keepland就是这群对健身有需求的人彼此连接的空间。当然，Keep还推出自己的健身硬件产品Keepkit，这个瞄准的是家用场景。

因为了解线上KOL的影响力，Keep对于社区和用户的影响非常重视，线上通过KOL话题式引导引爆了用户们对于健身话题的讨论和分享，重点是在用户与偶像之间建立一定的联系。

Keep表面是一款社交型的健身软件，在朋友圈开到最多还是跑步的轨迹，产品和流量是Keep手中非常重要的两张牌。创始人王宁认为Keep最核心的是内容，它倡导的是像耐克那样的"生活方式营销"，以消费者所追求的生活方式为诉求，通过将公司的产品或品牌演化成某一种生活方式的象征，甚至是一种身份、地位的识别标志，从而达到吸引消费者、建立起稳定的消费群体的目的。

随着生活水平的提高和大众健康意识的增强，更多的人愿意通过Keep来展现自己健身的方式，Keep从不影响用户而是用户通过健身去影响Keep。

TeamLab刷爆年轻人朋友圈的光影

TeamLab被国内人熟知还是2017年在北京和深圳的展览，相信当时你在朋友圈看过大量TeamLab里的照片，很多社交媒体还会有教程告诉你如何在TeamLab里拍照更好看。当然也因为众多明星是TeamLab的粉丝，他们在社交媒体的分享也为TeamLab品牌带来了一波的粉丝和流量。

TeamLab是在日本创立的，最初只是一个数码技术与艺术跨界的公司，它的很多作品都在强调改变世界的愿望，强调创新，一直用全新的艺术方式为观众带来突破现实的沉浸式体验。

作为风靡巴黎、伦敦、东京、洛杉矶、北京等地的全球十大必看艺术展览，TeamLab的作品并不是简单的重复与酷炫，它在每个城市的项目主题都与自然界、城市的人类居住和共生、呼唤人们真心去爱世界有关，整个理念都是正能量，所以它能够吸引众多的人去现场感受它、拍它、分享它、讨论它。

站在TeamLab设置的光影空间内，观赏者会发现在自己所处的空间，大量重复阵列的灯光随着人的移动而不断呈现空间的美，受人的动作影响，灯光的光束会出现短暂的分离，最后还是会汇合。

能够成为朋友圈传播的第一元素是稀缺和唯一，这也是为什么参与TeamLab现场的人愿意拍照分享在朋友圈，而且你根本看不到一张重复的图片，这也是和以往的艺术展览最大的区别。让观赏者觉得更有趣的是所看到的景象不会重复，错过了就没有第二次，这些作品不是简单通过电脑程序重复播放，而是会受到观赏者行为影响，不断发生新的变化，你永远不知道下一秒看到的TeamLab会是怎样的呈现，这样一种好奇感在整个沉浸式体验里面，让参与者的情绪不断被调动。

常规的艺术展览若参观的人数达到一定数量效果就会打折，可是TeamLab却相反，人越多空间呈现得越丰富。人也是作品的一部分，这是TeamLab最吸引人的一个地方，作品因为人而拉近了空间和光影的距离。

TeamLab北京站的主题是“花舞僧林”，随着音乐的节奏，人在空间的移动，整个作品不断呈现出层次和艺术感。

TeamLab深圳站选择在深圳南山区人气最旺的欢乐海岸，参展面积有近4000平方米，主题为“舞动艺术展&未来游乐园”，吸引了众多年轻人参与打卡。沉浸式娱乐体验的发展，更多的是IP衍生内容风口的形成。

故宫也和TeamLab合作了一把。在故宫博物院展出的“传统文化 × 未来想象”数字文化艺术展是由故宫博物院和腾讯科技（深圳）有限公司主办，联合谷歌艺术与文化实验室、“TeamLab”团队、“国家建筑师”团队，通过数字艺术形式展示古典建筑文化与当代艺术的融合。大量的中国汉字通过光影方式去呈现，每个人所感受的世界与别人的世界产生新的连接进而交汇出另外的世界。去触碰现场投影屏幕上的汉字，就会衍生出这个汉字背后的寓意，然后与这个汉字相联系的物体就会浮现在你的眼前，这个是根据一定的算法产生的创意部分的呈现。

在TeamLab的作品里不能被忽略的就是背后隐藏的科技元素，通过科技把艺术以一种全新的方式呈现在大众面前。无论TeamLab背后包含的科技多么复杂，对于大众来说，美才能引起最大的共鸣，而开心和惊喜是情绪的共鸣、分享和连接则是传播的共鸣，每个参与其中的人其实在向更多存在于同一空间的人表达那一时刻最真实的自己。

能够存在于年轻人朋友圈的内容传播，大都是符合好看、好玩、好用几大标准，在美的外表下的社交货币的流行，让当下的年轻人越来越能够找到最真实的自我，展示在朋友圈里的每一个独特的新物种，已经慢慢渗透进他们的生活。

04 连接生活的方方面面，这些情怀行业离你的梦想有多近

书店不是书店，却比以前更挣钱

十几年前，国内书店是以新华书店为主，独立书店为辅的模式存在，北京西单图书大厦是当时图书种类最齐全的书城，承载了无数人的购书体验。如今，放眼望去，很多书店已经从人们的视线里消失，现在的书店从功能性和美观性上看，与早年书店已经有很大区别。

线上图书零售的发达导致了线下图书销售的萧条，十几年前那种整个空间都堆满书，找本书都难的独立书店在如今的商业体系下，很难寻找到一种合适的模式生存下来。

在繁荣沉淀下的思考，一批新型书店陆续出现，诸如西西弗书店、言几又书店等，他们都主打设计美感、新式陈列、空间分享等多渠道经营方式，整个空间内图书的陈列只占不到六成，大部分新型书店都会留出咖啡区域。广州和成都的方所书店，在进门区域有大量文创产品的陈列，书籍陈列只占整个空间1/3，这对于传统书店来说，是颠覆性的。

早期以卖书为核心的书店模式我们姑且叫1.0书店时代，在那个时代，书店里书籍陈列永远是第一位的，这也是很多文艺电影里你能看到书店一排排和图书馆一样书架，上面陈列了大量书籍。

如今以图书为引导的空间融合场景消费方式我们叫2.0书店时代，在这个时代，书店里图书陈列大量减少，腾出的空间按照不同设计给予用户更多的享受和美感体验，有美感的书店空间在这个时代不断被推陈出新，无论是上海的钟书阁书店、衡山·和集书店，还是西西弗书店，抑或是方所书店、诚品书店，都是以图书为引导的多样性业态融合的空间设计形式来呈现。

如今的书店很大程度上已经不再只简单具备购书的功能，因为单纯购买图书可以的选择不只是线下书店，在当当网、京东商城等线上书店，足不出户就可以轻松完成购买。可是更多的空间体验和朋友圈美照是线上书店无法实现的，这是线下书店最大的优势所在。

在西西弗书店儿童书区域还增加一些互动的元素，可见设计师对于儿童绘本的重视。我去西西弗书店经常看到在儿童绘本区，一些孩子在家长的陪同下安静地看着绘本。对于用户来说，沉浸式阅读比单纯购买更有意义，因为他们记住的是书店带给他们的观感，而不单纯是一个购买行为的发生。

目前书店最大利润来源就是文创产品和畅销书，所以书店畅销书永远摆在最显眼的位置，文创产品永远有最抢眼的陈列区域。作为新型书店业态补充的餐饮部分也是书店利润的一大来源，咖啡区域除了承接日常用户的需求，也会为一些分享会提供餐饮支持。

也有一些人觉得新型书店拍照功能大于阅读体验，书店就应该主打阅读体验。深圳书城就在大空间的设计上保持了传统书店的空间布局，让更多的人有沉浸式阅读空间，这一点在生活节奏快的深圳还是非常难得的。

未来书店发展趋势一定是线下书籍陈列更加少，因为大量购买在线上完成，线下转型成一个体验的空间。这一点亚马逊已经落地线下实体店，通过合理的空间布局，以无处不在的电子化阅读工具引入，线上线下同价体系。诚品书店属于这类模式，也成了很多书店效仿的方向。

不是书店不行了，而是在消费迭代的今天，书店蜕变成新的形式陪伴我们的生活，阅读一直存在只是换了一种更为适合的方式。

开花店除了情人节，还有多少利润支撑情怀

很多女孩都有一个浪漫的梦想，在她们看来，开一家花店是非常美好的事情。再看现实，不管是明星的婚礼还是普通人的婚礼现场，都是鲜花满满。在情人节前后，各个花店都忙得不可开交。看起来辞职开一家花店不仅能满足文艺女青年的梦想，还会比上班还挣钱。想法确实很好，但是现实却十分残酷。

从2013年开始，国内的鲜花电商蓬勃发展，从Roseonly到野兽派花店，2016年更是出现了“每周一花”的鲜花电商新模式。这些全新的互联网鲜花销售方式让路边的传统花店猝不及防，情人节几百元的鲜花让电商品牌降到每月99元，到底是谁触碰了鲜花行业的奶酪？

从传统的没有固定模式随意发展的花店，到2011年微博线上花店疯狂生长后的沉寂，再到2016年独立花店的遍地开花，背后是大量出国学习不同流派花艺技术的人员回国创业，他们用不同流派的花艺

技术呈现出不同风格的花店，他们永远站在技术流派的前沿，在风格上偏韩式风格或法式风格，色彩或是以暗淡色为主，或是以柔和色为主。这些新型花店大部分在朋友圈和小程序销售，相比充斥传统花店的红玫瑰和百合的品种，这些花店的多以进口鲜花品种为主，客单价相比传统花店要贵200~500元。

鲜花销售到底应该采用什么模式，我们一直在探索。但是，就目前来看，包月鲜花品牌能够持续形成闭环的并不多，包月花的用户其实很难持续购买两个月以上，因为每个月搭配的品种过于单一，导致用户收到鲜花之前的期待感慢慢减退，从包月花到主题花的过渡，证明用户不只是关心价格，更多的是在情绪消费。

在越来越多城市的高级商圈可以看到新型花店的存在，比如深圳万象天地的野兽派花店，就以生活品复合店形式存在，顾客购买鲜花同时还可以购买一些国外的小众而品质不差的品牌商品，对于少女心满满的女性用户来说这也是不可以抵挡的诱惑。

花店的盈利，也是忧愁大于欢乐。忧愁的核心问题就是国内鲜花供应体系不够成熟，鲜花供货商并不能确保花店收到的鲜花的品质，这个和地域、环境有很大关系。无论是采购交易量巨大的云南斗南鲜花，还是采购国外鲜花农场品种众多的鲜花，路途和鲜花本身质量原因造成的损耗哪一个花店都不低。这也就导致鲜花很难按照一个完全的商业模式去批量制作，这也制约了花店的发展。

如今一些国内综艺节目和影视剧里也有花店部分的呈现，我个人觉得娱乐性大于专业性，但是这样的呈现很容易带偏一部分有着文艺花店梦想的小白，让他们进入这个看起来挣钱实际利润偏低的低频消费行业。因为他们不会想到开花店之外的运营成本，遇到经营问题总觉得互联网透明化，上个知乎就可以解决，却不知道免费的永远是最贵的，相信很多花店创业者在创业这条道路上进的坑远比能想象的要多很多。

作为低频消费的品类，购买鲜花对于大部分人来说还是比较奢侈的，因为鲜花相对于绿植和多肉来说，存活期太短，可是换一个角度看，正因为生命短暂所以那份美好才更加难能可贵，稀缺性是很多用户所追求的差异化。

开一家花店，面朝大海春暖花开，有些梦想想一想就好，毕竟梦醒来还要继续工作。花店行业有句话送给有花店情怀的人“熬不起的夜，打不完的刺，交不完的房租，吃不完的快餐”。

烘焙行业坑多，可是为什么那么火

很多女性喜欢烘焙，想把烘焙做成事业，在开店前觉得烘焙只需要一点面粉、一点油、一点模具就卖那么贵，利润肯定很高。如果这样算账，那么这些自认为会算账的人最后都会被生活算得一清二楚，毕竟真正的烘焙商业成本计算不是这么简单的。

目前私房烘焙品牌大部分以工作室性质存在，主要靠朋友圈接单。私房烘焙因为人工限制很难实现完全商业化，大部分是以半商业化的模式存在。除了零售烘焙产品，很多烘焙工作室都有烘焙教学课程，这个也是盈利模式的一部分。

如今网红店在烘焙行业也是很兴盛，网红烘焙店在不同社交媒体广泛传播。2018年很火的鲍师傅就是一家能够与喜茶一起在多个场合案例分析的烘焙网红品牌，总体品牌估值10亿。在我们印象中卖蛋糕的西点小店大都是传统路边小店，鲍师傅打破这一看法，创业不到一年鲍师傅就研发出核心产品肉松小贝，2014年后在全国开了26家直营店。鲍师傅从传统档口店慢慢转型到百平方米的大店，每天都有大量消费者前来排队购买。通过不断改良产品结构，鲍师傅让自己与其他同类品牌的产品形成极大的差异化。

对于烘焙这样归类于吃这一品类的行业，只要有准确的定位还是有很大的机会赢得市场的，比如主打曲奇的AKOKO已经完成千万级的天使轮融资。曲奇是下午茶必备，年轻消费者愿意品尝口味不一样的曲奇产品，产品口感稳定成了AKOKO的品牌壁垒，通过VI设计获得年轻女性青睐，通过分销模式在短时间内获得不少消费群体的认可，AKOKO有一个比较明确的烘焙产品方向。

很多创业新手都经历了种种烘焙失败，对于天生就不太擅长控制和分析的大部分女性来说，关注温度、比例、水分……只会让自己头昏脑涨。更可怕的是，刚学好一个产品，又出现一款新的网红产品，继续试验继续更新，一个新手在烘焙马拉松的耐力取决于她的物质实力。

不知道最终坚持烘焙的人有多少，但是可以知道的是，烘焙的兴盛带动了电烤箱等烘焙类小家电的销售。而与烘焙行业紧密联系的摄影行业，也因为烘焙的发展，改善了一批独立美食摄影师的生存状况，这些都是烘焙火爆带来的意外福利。

买不完的模具和进口原料，修不完的图成了很多私房烘焙创业者吐槽的点，相比现实层面的开支，单靠爱好来支撑梦想还是会让人多少有点力不从心。有的人在抱怨烘焙行业是个大坑，其实并不挣钱，而有的人却在烘焙行业挣了很多，梦想与现实的平衡，看你寻找到哪个方向而已。行业没有错，错的是进入行业的人和没有保持进入行业时候的那份初衷。

咖啡行业：这是最好的时代，也是最坏的时代

美团相关数据表明，目前国内的咖啡馆突破18万家。上海是全国咖啡店最多的城市，这与整个城市的文化沉淀有一定关系；排名第二的是北京，商务型咖啡占多数。而拿铁成了众多喝咖啡的非专业消费人士识别度最高的一个咖啡品名，相比无糖美式咖啡的苦味，中国的消费者更喜欢加奶加糖的咖啡。在咖啡馆里最受欢迎的烘焙是提拉米苏和松饼，整个消费者群体以女性为主。

即使有18万家的咖啡店，咖啡在目前中国消费市场依旧存在价格贵和购买不方便的问题。每天下午茶都喝星巴克的群体还是少数，即使是上海这样的金融城市，用户购买咖啡内心接受的价格也在25元到30元之间，价格和购买方式让瑞幸咖啡有了机会。

咖啡行业因为入局者众多，加速了洗牌。咖啡馆开起来容易，经营起来就困难多了，躺着挣钱的时代早已经一去不复返了。

咖啡不是中国本土的品类，其实大部分中国人内心并不热爱咖啡，喝咖啡只是基于社交的需要，早就从国外的在咖啡馆喝杯咖啡才是正经的下午时光，转变成国内的第三空间社交，星巴克就是典型的第三空间商务型社交的消费品牌。如果说咖啡有提神的作用，无论从时效性还是从便捷性来说，红牛都比咖啡来得快而有效，困了累了喝咖啡还不如喝红牛。

在消费不断更新的今天，除了大量精品咖啡品牌的出现，咖啡行业老大星巴克依旧稳步增长；传统品牌漫咖啡的市场占有量也不少；半路杀出的瑞幸咖啡不按常理出牌，用大量金钱补贴市场，希望占据

定位群体的主导。近两年精品咖啡品牌不断逆袭上位，相比星巴克的快速制作，精品咖啡的市场依旧属于小众消费。

无论是传统咖啡品牌、精品咖啡品牌还是互联网咖啡品牌，都在通过咖啡教育用户享受更有品质的生活。从这个维度来说，故事讲好是基本，让用户养成高频习惯是时间问题，在这个市场慢慢扩大的时候，咖啡品牌的迭代是商业里最正常的事情。

相比墙壁上一堆的咖啡认证证书，对于用户来说入口的那一瞬间的感觉才是最吸引他们的，如果能够让用户在1到2秒味蕾达到高潮，你的咖啡馆生意就不会太差。

除了诗和远方，或许你还有花呗需要还，所以让情怀在现实里得到平衡，每一杯咖啡里都有一个又一个真实的年轻人的梦想。

情怀行业让很多创业者都觉得门槛低挣钱又省力，就是这样的认知让不少的创业者在这些行业走了不少弯路。把这些行业的真实状态呈现出来，不是阻止大家进入这些行业，而是希望大家更加理性的用商业的方式去看待这些表面美好的情怀行业。相比情怀而言，开家能挣钱店让自己过得更好，才是个人创业者最需要考虑的。

05 电梯广告，背后连接着3亿城市人主流的消费生活

分众传媒的电梯广告，浓缩了一个消费世界

分众传媒的电梯广告每天精准到达超过2亿的城市人，曾经占据中国电梯电视市场的95%。分众的董事长江南春谦虚地说："很多人觉得我们分众全国网络很多，我们其实也不过才占有2亿人的关注。"

一个小小的电梯广告却让分众传媒成了估值1000亿元的公司，分众靠的是什么？因为分众传媒对媒体资源的垄断导致其定价话语权相对较强。分众的理念就是通过涨价去购买消费的未来，所以在行业内被戏称为"电梯广告行业的茅台"。

在特定空间进行广告传递精准度还是非常高的。飞机上的杂志，就是特定空间的，大部分乘客看杂志并不是因为喜欢而是为了打发无聊的飞行时光，内容不一定记得，可是一些广告却会熟记心间。

分众传媒就是让消费者在电梯和电影院这样特殊的空间内，在无聊和广告之间做一个抉择，于是在电梯内和电影院看广告成了打发无聊时光的最合适的方式。

由于智能手机的普及，会有一些人觉得手机终端会减少大众乘坐

电梯观看电梯广告的频次，真的是这样吗？对于电梯这样的广告终端，消费者看广告几率还是非常大的，就算不去看广告的内容，但是无处不在的广告声音也是无法忽略的。

对比其他交通方式下的广告浏览，坐公共汽车和坐地铁时看广告的人不占主流。写字楼和住宅电梯广告都是属于精准人群投放，可能是因为几分钟的电梯时间有人懒得看手机，也有人是因为拥挤的空间手腾不出来看，更为重要的是在密闭空间手机万一有私密信息有被他人看到的尴尬。

电影院是相对封闭不受干扰的媒体渠道，播放影院广告时观影厅里的灯是灭的，在黑暗环境下看手机会影响周围的人，感觉非常没礼貌，出于自律很多人选择看影院广告，当然电影院的音响效果和视觉冲击会让消费者觉得看广告也是一种享受。

能够通过分众传媒的电梯渠道传播广告的品牌，大多也是具备城市消费能力的，我们所熟悉的瑞幸咖啡、神州专车、三只松鼠等品牌，都是通过分众传媒的电梯渠道，靠在电梯里不断刷屏传递到我们生活中的，最后让我们记住了它们。诸如宝洁、蒙牛、奔驰、美团、小米等品牌也都认可分众传媒的战略眼光和渠道价值。更典型的是在消费者关注力急剧下降的时代，分众能够通过无法替代的独特定位，帮助瓜子二手车在众多二手车品牌里得到消费者的认可，给出了二手车直卖的战略定位，体现了分众传媒的精准投放。随着信息爆炸和碎片化的加剧，电梯广告渠道会得到越来越多的品牌方认可。

分众传媒的核心定位“消费者会主动看的广告”，这个定位为分众传媒带来了巨大的价值。如今因为阿里巴巴战略入股后，双方自愿进行信息数字整合，分众传媒利用移动互联网技术不断更新迭代，让自己战略不断升级。因为阿里巴巴的赋能，分众传媒的电梯广告产生更大的价值，阿里巴巴的大数据未来也会对分众传媒的战略产生更远的影响。

有老大的地方就有老二，电梯广告搅局者新潮传媒

一家独大就有比较高的溢价权利，虽然分众传媒给予物业的成本并没有大幅增加，可是对于品牌方投放的价格却是每年都有增长，当然关注这一市场利润的不只分众传媒一家，于是就有了新潮传媒“约架”分众传媒。

新潮传媒用2年时间拿下分众传媒16年覆盖终端的1/3，从时间效率上来说，新潮传媒还是很有冲劲的，如此高调进入电梯广告行业，是看到了电梯广告在未来的前景。

2018年11月14日，百度战略投资新潮传媒。作为一家电梯媒体广告公司，新潮传媒通过百度的线上数据与线下终端设备，把百度的大数据算法与人工智能赋予新的媒体终端，很明显这个新组织的新潮传媒，一出生就是有点不一样。

分众传媒的品牌壁垒来自电梯空间的排他性和成本较低的价格优势，新潮传媒提出的合理化行业利润，降低了行业价格，给分众传媒的业绩增长带来了压力。

新潮传媒董事长张继学年会上的一段话被大家改成了段子：“以前小米挑战苹果大家笑了，如今美团挑战滴滴，大家在观望，今天开始新潮开始挑战分众，你们等着吧。”这也从侧面表达了新潮的战略。

无论是从投资规模还是从公司的营收来说，新潮传媒想要逆袭分众传媒还是非常有难度的。新潮传媒在内部派发的关于与分众传媒

争夺客户的通知，一度让分众传媒的股价下跌，虽然没有撼动分众传媒老大的位置，但是搅局了市场，对分众传媒产生了冲击。分众传媒旗下分众晶视占有全国影院屏幕20%左右，市场份额目前全国第一，影院广告的市场增长导致竞争激烈，分众传媒在这一块利润出现了不断下滑的趋势。

当然，在整个广告投放营收里，分众传媒只算比较小的一块儿，可见广告投放市场的份额之大。相比之下，传统电视和传统平面杂志的广告收入持续下滑，品牌方在投放渠道也在与时俱进，除了电梯广告，相应人群的互联网渠道，也会有一定比例的投放。在众多媒体形式的挤压下，在新潮传媒的追击下，分众想要继续保持很高的市场占有率也是不容易的。

用户看广告和让用户看广告是两种价值

章子怡曾经发过一条微博，大意是她在电梯里教女儿醒宝认人和发音，醒宝通过电梯广告认识了很多章子怡的朋友。某天醒宝在电梯看到妈妈的广告，突然发现了“熟人”，她摸着章子怡的脸说，哇，这个是我妈妈！这就是电梯广告的传播性。

“用户看广告”是主动性比较强，更容易对广告内容产生兴趣，进而产生UGC的传播；“让用户看广告”被动性比较强，相比之下品牌的转化就比较低。作为品牌方当然更希望广告带来的是用户看广告的效应。电梯广告就是典型的“用户看广告”。

对于大多数人来说，内心其实是对广告有一定的排斥的，总觉得广告耽误时间、诱导消费，所以刷屏广告非但不能吸引顾客注意，反而会使他们反感。当然也有例外，如果是女性客户群体，海报里放彭于晏的刷屏广告被传播几率明显会高很多。

分众传媒本质就是一个媒介，背后连接着众多人的生活，通过不同品牌方的广告与消费者的生活方式进行连接，在经过消费者选择产生一定的轨迹后与分众传媒的传播轨迹重合，这样的品牌引爆对于品牌方来说是最有价值的。

微博上被关注最多就是娱乐新闻和社会新闻，而很少有品牌是通过微博被记住的。所以不同的品牌要选择不同的媒体渠道进行品牌传播。已经具备一定知名度的品牌在分众传媒渠道投放，对于品牌的二次引流能起到很好作用。比如波司登和郎酒这样传统品牌，在市场有一定占有率，只是因为消费市场变化使得品牌感在消费者层面降低，现在通过电梯广告渠道进行相应的投放后，品牌又会在消费者心中产生二次流量效应，受众对品牌的认知有了新的升级。

同样是电梯广告，在不同的地点也是有差异的。不同城市不同地段的写字楼因为价格原因，活跃的群体并不相同。北京的国贸和银河建外SOHO，深圳的福田平安大厦，上海的陆家嘴金融中心和环球金融中心，在这样的地段活跃的群体消费能力相对较高，也能够让适用中产阶层的品牌的投入有相应比例的回报。小米有品的广告就是在这样的渠道进行投放，获得了市场的认可和品牌传播。

2018年电梯广告最大的赢家可能是瑞幸咖啡，因为没有分众传媒的电梯资源投放，瑞幸咖啡不可能如此迅速地打开咖啡市场，没有分众传媒精准选择写字楼和高端社区作为传播区域，瑞幸咖啡不可能被投放定位群体所接受，合适的电梯媒介就已经定位了相应的群体。

现在电梯广告传播媒介也从之前的小屏升级为大屏幕，整个投放成本并没有提高多少，但无论从视觉和版面效果都有很大提升，这是大部分品牌方希望看到的——在没有增加太多预算的前提下却实现了最好的效果。

广告的效果在投放后可以通过百度搜索指数看到变化，很多品牌方是看中分众传媒自带的流量，一个品牌想在一个城市迅速崛起，选择分众传媒的渠道投放，几乎是唯一的选择。

16年不变的分众传媒，未来会怎样

具备诗人浪漫情结的江南春，不断聚焦电梯媒介深挖价值，让分众传媒成为国内最具影响力的电梯广告媒介平台。但环境的不确定性使传媒行业面临巨大的挑战。在竞争对手的步步紧逼下、在业绩开始下滑的背景下，江南春只是希望分众传媒不要改变初心。

媒介环境和市场环境都在不断变化，消费升级不断逼近，分众传媒选择不变，因为不变才能应对万变的消费环境。不变不代表放弃，为了赢得更多的机会，分众传媒开始下沉市场，已经布局了300多个三四线城市，希望这些成为未来10年内分众新的增长空间。

分众传媒一直认为公寓楼、电影院和写字楼是人流最为集中的场景，都具备高频、低干扰、必经三大特点。一般用户能够接触到的电梯广告投放，写字楼平均一天是四次，家里是两次，这是最低评估数字，当一个用户对于一个品牌有了四到六次的印象后，在用户心里基本就会对品牌产生信任。

当然不是每一个在电梯里的人一定会看广告，分众传媒统计，等电梯时看屏率为82%，进入电梯看广告为61.4%，这个数字随着互联网自媒体和社交的发展还会有一定的下滑。有个广告大师说过一句话“我知道我的广告有一半浪费了，可是遗憾的是我不知道哪一半被浪费了”，所以电梯广告投放想百分之百精准是不现实也是不可能的，浪费是正常的，但是多次高频触达后才会有浪费后的不遗憾。

未来的广告投放品牌方与消费者互动性更强，对于消费者来说，场景式品牌互动更容易产生销售转化。未来云计算发展和移动互联网与物联网结合，可以轻松实现线上线下流量互导，形成群体标签化，让品牌方的投入更加精准和科学。分众传媒也会从如今的生活业态步入云生态，从一二线城市下沉到三四五线城市，所有这些分众传媒提供的服务与内容只是为了更好地留住客户。

分众传媒的成功就是在行业已经发达的时候转型到了电梯媒介方向，而且一做就是16年。打通分众传媒品牌方的购买力其实就是打通了这个时代消费升级下从生存型往享受型转型的通道。分众传媒不需要太费力去寻找顾客群体，因为每一块电梯屏幕位置已经决定了谁来投放谁来看，如果你希望精准投放顾客又不想花费时间，分众传媒这个渠道或许是一个不错的投放方式。

但是在靓丽的成绩面前，分众并非铁板一块，还是有隐患的。分众投入广告的模式很容易被复制；随着竞争的持续和加剧，市场份额会被蚕食；为扩大投放点，租金成本会上升，利润也会下降。因为电梯媒介算法带来的用户隐私问题也会是一个分众传媒潜在的隐患，这个在分众传媒借壳七喜控股的招股书里有详细的记录。分众在电梯里的电子设备有自动搜索用户手机Wifi信号并获取数据信息的功能，还可以通过监控消费者的生活垃圾品牌来推测其品牌偏好，当一个智能设备过度了解你的时候，对个人来说是恐慌而不是欣喜。

分众传媒，未来会怎样？

第四章　IP 到超级 IP 的流量之路

01 超女与后超女时代，创造101如何引爆选秀节目的偶像商业流量

超女现象背后的选秀IP这条路并不平凡

2004年湖南卫视举办的音乐选秀节目《超级女声》正式撕开了中国娱乐IP的流量，从李宇春到薛之谦、从周杰伦到创造101的杨超越，选秀IP经历了从传统音乐形式往数字音乐形式跨越的十多年，也从唱片时代进化到如今流量圈层时代。

2005年《超级女声》李宇春夺冠让很多有音乐梦想的年轻人看到了希望，就是这个穿着中性的女生，开启了疯狂粉丝经济流量时代。可是在那个时候更多人的并没有意识到流量时代的到来。四大天王不再称霸音乐圈，每一个音乐IP背后都有着系统缜密的粉丝组织，他们撬动了整个流量背后的粉丝经济。

薛之谦是通过选秀节目《我型我秀》走入大众视野，唱了红遍大街小巷的《认真的雪》后，就遭遇雪藏和经纪公司解约，可能是当时整个唱片行业不景气，所以薛之谦的音乐梦想需要靠开火锅店去支撑。而让薛之谦重新回到公众视线是他在微博上写的段子，网友戏称他是“一个被音乐耽误多年的段子手”，从一个歌手到综艺咖的转型，看

《吐槽大会》薛之谦那期，大笑背后其实都是辛酸。

如果说2005年超级女声开启了选手IP的前奏，那么后时代的创造101女团们则是让选秀选手IP的流量达到顶峰。2018年夏天，《创造101》通过腾讯视频总播放量达到50亿人次。《创造101》到底有什么魔力吸引了如此高的关注度？

一档好的选秀节目是能够让观众在选手里面寻找到真实的自己，这样的感情植入是需要大量的前期策划。在每一档选秀节目里，你都会看到梦想、泪水、友情、坎坷、困难这些关键词，而《创造101》把这些元素发挥到一个新的高度，让看直播的观众和现场观众一样，觉得每一个选手的命运在自己手里掌握着。101个女生，101份梦想，101种流量，你肯定记不住每一个女生的名字，也许最后出道走红的几个也记不分明，但每一个真实的标签被烙印在参与者的身上，观众不断根据标签去调整内心的排名，在每一期的思考和纠结中，观众其实已经被带入到那101个女生的角色世界里。

每一个红透网络的歌手背后都有一个强大的经纪公司在支撑着这些巨大的流量，李宇春、张靓颖、周笔畅背后是天娱传媒，虽然天娱传媒因为众多的合同纠纷导致大部分签约歌手离开，最后只剩下孤单的华晨宇，但其强大的娱乐资源力量不容忽视。

选秀节目在音乐演变过程中承担着挖掘新人的职能。如果没有专业团队打造，选秀只是走过场。在互联网不断去中心化的过程中，曾经只需要认真做音乐的歌手们，在背后经纪的连接和市场化媒介的助推下，成了内容的载体，无论好与坏，最后都掀起一波又一波的流量。

创造101如何成为年轻人热捧的现象级流量产品

对于女团的概念，80后或许还停留在SHE的时代，而00后则可能停留在火箭少女101的时代。

很多人认为《创造101》一定是男性观众比较多，毕竟101个美少女在台上一站，颜值就足够吸引大量宅男的目光了，可是最后的数字统计出来，70%的观众竟然是女生。综艺的主要观众群本身就是女性，《创造101》的制片人认为，虽然“女生看女生带刀子”，但是女性也最能对同性的不易和努力感同身受，更容易沉淀相同的审美和价值观，从这个理念出发才有了《创造101》。

早期的SHE和一些女团就是主打“女性坚强和勇敢”，这些女团的受众群体就是女性，因为女粉丝在这些偶像女团身上能看到自己的身影。当然不是所有女团都主打女性受众的，SNH48就主打男性群体，这个女团就很难让女生产生共鸣，自然很难在女性群体传播。

《创造101》给101个真实的女生一次造梦的机会，普通观众的共鸣就体现在每一个细微环节的设计上。比如被淘汰选手在照片墙的最后一次合照时每个人眼中闪出的泪花，比如在志愿者环节的彻夜畅谈让观众回到学生时代的某个夜晚。《创造101》表面是在实现101个女孩的舞台梦，背后其实连接的是中国若干女性群体渴望成功，却不得不面对普通生活的共同经历。

能不能最后成为那11个核心的团体成员，在《创造101》里只有两个考核标准：能否形成稳定社区流量沉淀和是否具备强大的内容输出能力。你不可能喜欢这个团队的所有人，但这个团队里总有一个人是你喜欢的，比如有人喜欢杨超越、有人喜欢吴宣仪、有人喜欢孟美岐，可是对于这个团队来说，对外呈现不是某一个人的状态，而是整个女团的状态，这样一种状态有一个专业名词叫团魂。众多的成员分别针对的某一个粉丝群体，抓住一部分粉丝，这就足够了。

对于观众来说，在自己喜欢的粉丝不断被推成偶像的过程中，也会觉得自己的生活也被设定成一个新的世界。《创造101》的逻辑是通过内容形成粉丝社区，然后通过相同的感知去影响更多的粉丝，形成一个圈层文化。

《创造101》混乱赛制规则得到众多网友的批判，不知道是为了制造话题有而意为之，还是策划团队就是这样的能力。在不被告知规则和不提前安排赛制下，让每一个原本没有流量的选手们在不断打磨和激励中，慢慢地走向IP之路，虽然这一条路是充满坎坷的。当然最后原本以为只是做噱头赚点流量的杨超越竟然C位出道，众多网友调侃“果然流量还是比实力重要”，流量成了关键词。

王菊因为《创造101》意外走红，这是一个个人IP很难形成团体流量，其实王菊背后的吐槽自黑文化才是整个流量的核心，而王菊在这个时候已经不那么重要，因为你会发现这些语言背后的心态才是流量真实的呈现形式，而王菊只是一个流量入口，她把这些自黑文化导入到大众的视野里。

当《创造101》成为现象级选秀节目的时候，它已经成为年轻人之间的一种社交货币，懂与不懂自然形成一个社交分水岭，有的观众在节目结束后又投入新的节目，这种和之前喜欢四大天王一直到老的热度，不是一个时代的感情层次。

相比李宇春这样的个人IP，火箭少女101女团的IP是团体流量，不需要女团里某一个人特别突出，需要做到的是融合与平衡，这些是需要大量专业训练才能达到。

在抖音走红的《燃烧我的卡路里》就是火箭少女101的单曲，创造101节目的结束只是这些女孩子梦想的开始，而如何持续输出足够的流量是这些女孩需要考虑的，毕竟流量很容易转瞬即逝。

《偶像练习生》的流量，18个月后还在吗

如果《说创造101》是点燃了女性对于梦想追求的流量，那么《偶像练习生》则是在已经形成的粉丝经济大环境下的又一次炸裂流量的行为。

《偶像练习生》是一档在爱奇艺平台推出的“真人秀+表演+选秀”节目，上线1小时播放量就破亿，节目的弹幕数量也是足够惊人，还有微博的相关话题达到几十亿次传播。

《偶像练习生》一推出，网络上就有质疑，认为其抄袭韩国的综艺节目，但不管如何质疑，这个节目依旧凭借各位练习生的超高颜值和他们自身的能力吸了一波又一波的粉丝。

比如蔡徐坤，号称TFBOYS的备选练习生出道，后参加组合SWIN正式出道，却因为《偶像练习生》个人流量得到爆发。参与《偶像练习生》之前蔡徐坤的百度指数不到1000，参加后，百度指数高达80000，可见一个好的节目带来的流量是不可预估。

《偶像练习生》的赛制与之前的《超级男声》《加油好男儿》等单纯观看的选秀节目完全不一样。《偶像练习生》中，每一个人都可以成为节目的缔造者和参与者，全民打造偶像是这档节目能够火的原因，

有了对于偶像长期的感情付出和内心寄托，才会有后面的消费和延续。在整个节目播放中，通过粉丝的行为让喜欢的人成为偶像，选手能不能舞台夺冠，全程都由粉丝们来供养。供养偶像的逻辑在国内比较成熟就是前面提到过的NH48少女团体，其中团员鞠婧祎已经成为有巨大商业流量的新生代偶像IP。

男团的粉丝很明显是女性居多，毕竟女性喜欢看精致的男生。《偶像练习生》的粉丝很多都是妈妈级的，她们看这些选手都有母爱的光环，而且她们的经济实力和消费能力不容忽视。很多行业人士都觉得蔡徐坤未来商业流量价值非常大，因为他的粉丝群体多是30岁到39岁的女性，这部分人的消费能力非常强。蔡徐坤的粉丝就在纳斯达克LED广告屏为他的出道加油。

粉丝的户外广告应援方式更疯狂是在日本和韩国，整个粉丝经济内部的供应链体系非常强大，从早期的偶像的梦想到如今落地的成长，每一个喜欢偶像的粉丝都是在打造自己人生的闭环。

韩国男子天团BIGBANG的新歌在QQ音乐上线不到20小时销售突破200万，鹿晗的唱片在线上销售也高达4200万。演唱会成为供养偶像最疯狂的方式，因为一场演唱会带动的消费延续太大，机场、酒店、餐饮、礼物等消费，都是连续性，我曾经在飞机上看到TFBOYS粉丝在飞机上为王源过生日打广告。

在经济处于疲软的环境下，在物质欲望低迷状态下，人们对于精神文化需求越来越大，虽然《偶像练习生》出道的9位练习生只有18个月经纪合约，能不能在18个月还依旧有流量持续爆发，这个答案或许只有供养这些偶像的粉丝们才知道。

粉丝价值、偶像流量，合理撬动才是正经事

偶像出道产生商业价值才是流量最大的意义，否则对于品牌方来说出了钱却没有效果，再红的偶像都只是昙花一现，不能商业变现的偶像最后都会慢慢消退被人遗忘。

品牌方寻找合适的偶像代言的时候，不宜选择代言过多的偶像，一个偶像代言产品过多，就会存在对粉丝的过度消耗，因为粉丝就是再喜欢一个偶像，也无法购买偶像代言的所有产品，他们只会选择他们觉得需要又刚好是偶像代言的产品，所以品牌方不要过度消耗粉丝对于偶像的忠诚度。

单向崇拜热爱偶像的时代已经结束，因为互联网的发达，粉丝与偶像距离越来越近，偶像与粉丝互动能够让粉丝对偶像投入更多的时间、金钱、感情，这和之前爆火朋友圈的旅行青蛙类似。

过去粉丝与偶像最多的接触主要是粉丝见面会、机场接机和演唱会大屏幕互动等，而如今有了直播和短视频方式，粉丝与偶像的互动性更强更密集。蔡徐坤很懂与粉丝之间的互动，在节目里“一票一票送上C位”的洞察力也非常强，无论表情还是言语都让粉丝们觉得供养他是值得的。

粉丝供养偶像都是从偶像不红的时候开始的，因为粉丝有高度的参与感，偶像走红他们觉得有自己的一份努力在里面，虽然世界上有很多比自己喜欢的偶像更优秀的和更成功的，可是粉丝们会觉得应该对自己选出的偶像忠诚。真正能够撬动粉丝经济的杠杠就是粉丝对于偶像那份情感，它推动了消费和流量变现。而偶像对于粉丝的适度

激励也是推动粉丝最后实现商业变现的一大感情助力。

偶像在节目里的排位之争，背后都是喜欢偶像的粉丝们的流量和金钱之争，因为抓住了一个心理“人们对于自我参与过程的产品，内心会产生不成正比的价值感”。对于年轻的男团偶像，很多粉丝最开始大都因为受颜值吸引，接触之后是受偶像的人格魅力吸引，偶像的正面带动对于粉丝们的行为还是有很大转化的，一句口号、一个眼神、一个动作就知道是不是一个世界的。

偶像用真实的人设比虚假的人设更能留住粉丝，消费者只会去购买他们认为有价值的产品，粉丝们形成歌迷会也是圈层的沉淀，大量有质量传播对于自己喜欢的偶像是价值提升，粉丝们大多知道什么可以做、什么不可以做。

无论是火箭少女101还是NINE PERCENT出道的9位男团练习生，在众多流量叠加的时候，最终认清适合自己的道路。选秀节目虽然已经结束，而商业流量的门却从未关闭。

而对于普通人来说，靠选秀成名过程是艰难的，这里面的时间成本的付出是一般人难以承受的，从这么多年选秀节目的冠军之后的成长情况来看，有音乐爱好和把音乐当成职业还是两种状态，大部分人选择的时候还是需要冷静的。

02 抖音红人榜一半海水一半火焰，有流量不一定是IP

抖音红人都有流量，为什么只有他们成了超级IP

2018年是抖音流量爆发的一年，一堆红人进入我们的视野，可能他们无意说的一段话都成了段子。这一年我们经历了西塘小哥的大红之后的落寞，也经历了辽宁丹东刘宇宁一个人养活一条街的巨大流量；这一年我们被魔咒一般“来了老弟”的腰子姐给折服了，更是被中年谢顶的陆超那句“真好”给听吐了。

如果关注抖音的红人榜，你会发现上上下下的那些红人，无非集中在音乐、美食、游戏、生活技能、搞怪和萌宠，在每个垂直领域都会有几个KOL在引领着抖音在这个领域最大的流量。

在音乐类垂直领域，大家比较熟悉的是摩登兄弟、郭聪明、M哥和高火火。音乐本来就是抖音区别于其他短视频平台的一个核心特征，抖音上的这些音乐达人们粉丝量都是过千万级的，他们在抖音音乐垂直领域的粉丝量、互动数、视频阅读量、点赞评论等都是最高的。

分析这些抖音音乐红人，你会发现：在众多的网友给予这些抖音音乐红人评论里，“好听”和“非常喜欢”最为高频出现；不同的音乐红人粉丝群体结构不一样，比如摩登兄弟的粉丝以18岁到24岁女性年轻群体居多；郭聪明的粉丝年龄在18岁到26岁，男女比例3 ： 4。

在美食类垂直领域，抖音红人野食小哥，打破传统的美食拍摄手法，采用土气粗糙的农家菜做法，配上夸张的表情和富有节奏感的吃法，让人看了之后可能笑到肚疼，也可能食欲大增。野食小哥的粉丝男性群体占比74%，可能女性群体还是喜欢俊俏的美男子。

有些抖音红人是兼具两种领域属性，比如黑河腰子姐就很明显是美食和搞怪两个领域。东北话本身就具备魔力，再加上合理策划和好记的Slogan，让黑河腰子姐的那句“来了老弟”，成为众多段子的灵感来源。

抖音上流量红人的内容成了用户的社交货币，而超级IP最大的特征就是内容特色和红人的人格属性。每一个看这些抖音红人视频的用户，首先是基于社交方式的分享，因为连接才会去关注那些他们感兴趣的内容，过滤掉他们不想关注的。红人流量的可识别性，使得这些用户因为抖音号的聚集，产生了更大一波新的流量。

内容是这些抖音流量红人形成IP的第一步，因为有了足够好的内容才会有持续的用户关注，像西塘小哥就是内容欠缺，所以即使有很强的流量，也在抖音被持续刷屏，可是无法聚集成IP，因为用户不会为无用的内容去买单，这也就是我们一开始要说的“有流量不一定是IP，可是IP一定会有持续的流量”，这个逻辑背后就是内容在支撑。

这些抖音流量网红独特的人格魅力才是内容之后的跃迁。2018年年底在抖音火的石榴哥就是一个典型例子，他其实是一个英语老师，淳朴直接的性格、帮助农民卖货，这些沉淀下来就是石榴哥在抖音里呈现出来的人格魅力，他的善心就是他日常视频的最大内容，围绕这个传播让他慢慢成为一个抖音流量IP，很多明星都和他合照，而独特的人格魅力逐渐让他成了一个超级IP。

这些抖音流量红人因为他们人格的独特性、外显的属性和自我沉淀的风格形成了强大的个人IP，这些个人IP用不同的内容与用户之间建立了新的连接，并且用很低的连接成本汇聚成了新的更大的流量，逐渐形成超级IP。在流量世界里只有IP才会具备连接的属性，所以有流量不一定是IP。

抖音火的红人各有原因，不火的原因却只有一个

陆超在抖音里算是没有颜值优势的中年男人，他也没有做像小红书里那些网红夸张的炫富场景，但他就是靠说话结束时的那一句“真好”，赢得了众多网友的追捧和模仿。陆超能够在抖音火的原因：坚持发视频、结尾落点很统一、外形差异化明显、视觉喜感强。

兔子牙和杨超越风格一致，走的是少女路线，不同的就是每一次视频兔子牙都会换一套精致的服装造型，讨巧的外表配上她温和的音乐曲风，让她获得了1300万粉丝的关注。从视频的专业性来说，兔子牙的视频不是视频小白可以完成的，一看就是团队操盘出来的抖音号。

有的人在抖音火是意外。吴佳煜就是这样幸运的女孩。发第一个视频时她还是某口腔诊所首席咨询师，原本就想发个视频自娱自乐一下，结果视频被明星微博转载，当粉丝到了150万后，吴佳煜就选择辞职全职做创作，如今粉丝已经有815万。

抖音上有一个号叫黑脸V，一直是神秘般的存在，其全脸照从未被曝光，他的视频充满正能量，平均三个月就会有一条点赞超过300

万的视频出现，他的走红靠的是后期编辑的技术流和从不露脸的神秘感，在给他的众多留言里最多的就是东北语言风格的“你到底长什么样？能不能告诉我，老铁”。

在抖音早期就很红的费启鸣，目前在拥有1900万粉丝，算是头部流量IP，他最近的视频都是走软萌和撩人路线，因为外形是很多女生喜欢的初恋的模样，这样的流量网红怎么拍都会有关注，而且关注他的女性粉丝的年龄跨度很大。

看起来抖音每一个火的流量红人原因都不一样，不火的原因却只有一个，没有好的内容输出再怎么发视频都无法让抖音官方给予头部流量，也很难走红。有些看似没有逻辑的内容可是这些正是他们用户群体所喜欢的，反而能获得流量支持。

快手为了保证每个人的平等所以不扶持头部的红人流量，在这一点上，抖音刚好相反，所以大量有流量的红人们都聚集抖音，慢慢形成垂直领域的头部IP。而那些已经形成头部垂直领域的流量红人，每一天视频的更新也是背后无数次痛苦的修改和挣扎，毕竟好的内容持续输出，是需要一定能力，不是每个人都能做到的。

代古拉K的抖音走红，背后MCN才是真正的赢家

在任何平台，早期的红利机会是平等的，个人用户有一定的流量机会，等到平台趋于稳定进入成熟期后个人用户红利就会逐渐消失，这个时候就是MCN这样的专业机构的红利收割期。

MCN是伴随着网红流量经济发展出现的机构，是有能力和资源帮助内容生产者的专业型公司。最早引进MCN概念是微博，微博政

策的倾斜让早期的MCN有了发挥的余地。

数据显示，2015年MCN不到200家，如今发展的接近5000家。MCN的发展得益于互联网资本的推动，在资本的帮助下，MCN保障合作者有足够的内容输出，从而实现稳定的商业变现。说简单一点就是，如果你想在抖音上走红，是需要MCN这样的专业公司来帮助你持续输出内容，进而完成从普通人到超级IP的跃迁。

个人号的火大多数是偶然，有时候连发视频的人都不知道自己怎么就火了，当然后面会不会再火也很难判断。可是MCN能够持续地火，因为它们能够通过大数据分析，预估用户喜欢的内容方向以及会火的背景音乐，从数据入手做内容，当出现第一次的暴热之后，就立刻通过自己的方式激发第二次暴热，让一个视频能够有一定的长尾效应。

网友们熟悉的代古拉K和办公室小野都是MCN孵化的抖音号。为什么你也微笑着跳舞，也勤快地发视频，怎么就没有代古拉K那么火？因为你是个人，代古拉K背后是团队，你需要自己拍摄、自己编辑、自己运营，而代古拉K只要负责跳舞和微笑，其他的交给专业的团队去做。

MCN在抖音的进场，对于个人号来说并不是一件好事，因为它们会把剩余的流量收割完。对于借助MCN走红的人来说，MCN就是他们与抖音之间的一个媒介，无论你多红最大利润都归属MCN，因为MCN通过聚集的量化形式帮助很多个人解决了生存问题。

抖音平台最终是要实现商业变现，而个人号和MCN相比，无论在变现能力和变现速度上都不是一个级别，比如运营代古拉K的洋葱集团变现能力就比较强。个人号只能算野路子，毕竟在打流量战的时候，正规军优势是不用提的。MCN能够把很多分散的个人号集中在一起，对于未来会火的内容方向有自己的判断标准，通过专业化的前期拍摄和幕后团队制作，输出优质内容。

抖音诉求是流量，MCN诉求是品牌和变现，从最开始的自媒体矩阵到如今的抖音红人矩阵，可以看出，矩阵是MCN非常擅长的流量输出模式。

2017年5月之后抖音与MCN开展合作计划，抖音的流量和MCN变现逐渐结合在一起。当然MCN是不会固定在一个平台发展，哪里有流量红利就去哪里。

抖音流量收割背后，成就了谁的利益

抖音作为流量的阵地，自然会吸引流量利益链里的各个环节的人来收割自己需要的流量，除了流量利益链里的各个环节收割流量者，资本也不断注入进来搅局抖音。在抖音上花钱买流量的不是少数，可是有的快速增长有的增长却比较平缓。抖音流量收割背后，成就了谁的利益？

2018年，抖音因为众多拥有头部流量的红人进入而成为不可忽视的社交内容平台。2018年春节期间，抖音的日活跃度近6200万，相关业内人士预判在近几年都不会有一个与抖音流量同级别的产品出现。代古拉K就是靠着春节那波红利增长起来的，深夜发媸的徐老师和擅长辨识红酒的醉鹅娘，都在各自垂直的领域赶着红利消失之前快速成长。

一些自媒体号进入抖音，一些内容社交电商也进入抖音，他们都是冲着抖音巨大的流量红利而来。抖音橱窗功能的推出让社交电商变现更便利，在抖音红人与品牌方形成利益链条后，抖音体系就出现红人榜和签约红人报价。而品牌方判断一个广告投入除了粉丝基数，更多的是超级IP带来的人格属性与品牌方的产品是否吻合，相比传统的广告代言费用，抖音红人的价格品牌方还是愿意接受的。

在众多抖音个人号觉得内容到达天花板后，MCN却觉得整个抖音流量还有很大的潜力可挖。抖音的核心逻辑一下被MCN给摸透，留住用户是内容。那些破几百万的视频，背后都是由抖音团队小范围测试后，把这样的好内容视频放入更大的流量里，直到其他更好的内容把这一波流量冲减。

洋葱集团可以在两个月内把一个大四的普通学生孵化成一个抖音舞蹈垂直领域的头部超级流量IP，这就是MCN运用抖音流量和专业方法让一个普通人成为抖音头部红人。享受到这样优势的费启鸣、吴佳煜都是在抖音崛起的时间切入的。相比如今平缓期的流量，早期进入抖音的在高速增长那一波得到的红利都是非常可观的。

抖音的野食小哥也是MCN操作的红人，野食小哥单日牛肉酱的流水近6万。在利用公众人物对商品的带动作用和帮品牌方提高销售上，MCN也会捆绑打包抖音红人，提供一个套餐价格，从多维度让品牌在不同流量叠加下形成更大的转化和变现。

抖音给答案茶带来了巨大的加盟流量，也因为买奶茶尬舞让COCO奶茶一夜之间成了全网最红的奶茶品牌，一款小猪佩奇的手表因为抖音让很多年轻人自带社会人属性，海底捞新的吃法在抖音上火爆，一款摔碗酒让去西安的游客有了更多的旅游选择。

这些内容都是抖音带来的，说得更明白一点都是抖音背后合作的MCN带来的。在商业化变现这条路上没有一款产品比抖音来得强势，或许有一些红人的名字多年后我们不再记得，可是我们能够记住就是这款记录我们美好生活的产品，叫抖音，没有它也就没有这些陪伴我们很多个无聊时光视频里的他们。

既然有榜单的存在就会有下榜的一天，如何延长抖音红人生命的周期是他们要考虑的问题，因为时间带来的商业巨大利润是不可预估，榜单仅是一个参考不是绝对，如果只是为了上榜不考虑商业变现，抖音红人也无法长期生存。当然这也是很多希望在抖音平台能够得到流量和变现的你们需要思考的问题。

03 《中国有嘻哈》——IP 爆红背后的秘密

《中国有嘻哈》爆红背后地下嘻哈音乐的饱暖自知

如果问2017年夏天最火的综艺节目是什么?《中国有嘻哈》毋庸置疑会被提到,它嘻哈音乐风格狠狠刺激了喜欢嘻哈的年轻人的肾上腺。

《中国有嘻哈》是爱奇艺官方自制的音乐选秀节目,联合吴亦凡、张震岳、潘玮柏等嘻哈明星、制作人一起,在2017年的夏天为众多网友带来了一场嘻哈音乐的盛宴,这也是嘻哈音乐首次从地下转到地上。

把小众的音乐类型推到大众视野里,爱奇艺的勇气是值得赞赏的。这档节目一开始连赞助商都不看好,很多人包括一些媒体都认为嘻哈音乐太过于小众,大众接受度不高,结果节目却意外爆红,上线4小时就有了破亿的播放量。相比腾讯视频制作的《吐槽大会》用了4天播放量破亿,《中国有嘻哈》成了当年暑期档最具看点与冲击力的音乐综艺爆款。

爱奇艺投入将近2亿的预算制作《中国有嘻哈》,动用了爱奇艺所有的资源去推广。集合所有资源去推一档节目，并不是没有先例。浙江卫视当年做《奔跑吧兄弟》时就动用了全台的资源去推广这个节目，在招商当中还给予不少优惠政策；还有湖南卫视的《我是歌手》，一档火遍荧幕和朋友圈的音乐真人秀节目，也是集合湖南卫视全台的资源来推的。

嘻哈音乐本身具备的年轻特质，与社会整体个性和潮流密切相关，国内的品牌对于嘻哈音乐热度并不高，这次《中国有嘻哈》是由农夫山泉冠名。

嘻哈音乐相比民谣来说，大多数在地下酝酿和发酵。嘻哈让人觉得永远都是肥肥的裤子、胖胖的身体，夸张的饰品、让人退却的文身，在嘻哈音乐圈里金链子成了一种有钱的符号。最初的嘻哈音乐因为习惯了被歧视，突然有钱，就希望用夸张的饰品来表达和炫耀财富，用让人有距离感的文身来表达唱不出来的内容，所以金表、金链子和超级跑车成了嘻哈圈有钱的象征，文身成了音乐理想的无声呐喊。现在很多嘻哈选手并不是这样的打扮，摩登天空旗下的红花会通过音乐让更多人感受到嘻哈的现代力量。

有人觉得玩嘻哈音乐的是有问题的社会青年，当然这是认知偏见；也有玩嘻哈音乐的人觉得从地下转到地上就不真实就不热爱生活不热爱和平了，这也是嘻哈对社会的认知偏见。

从目前来说，国内嘻哈的流量IP还是比较少，对于能够通过《中国有嘻哈》形成流量的选手还是有很大的机会的。国内著名音乐公司摩登天空也盯着每一位参加节目的选手，只要有合适的立马签为艺人，他们希望通过商业的方式让嘻哈得到更大范围的推广。在国内的许多音乐节如今也都会设置嘻哈音乐这个版块，这也是预示着嘻哈音乐慢慢地走向大众。

相比很多流行歌手，嘻哈歌手收入偏低，有一些连温饱都不能解决，所以有时候嘻哈歌手作品的节奏和愤怒的情绪不是做出来，而是真情流露。他们对于音乐的热爱是真实的，同样他们窘迫的经济状况也是真实的。参加《中国有嘻哈》的很多嘻哈选手生活都十分拮据，他们多半在酒吧演唱，就连人气选手周延在参加节目前为了养活自己，去夜店当DJ，去酒吧驻唱，什么风格都唱，只是为了生活。

嘻哈音乐人聚光灯下的不适应，在节目海选中选手们的大量Diss以及选手认为结果的不公正，让《中国有嘻哈》从一开始就争议颇多。而歌词在海选时被要求修改，更是遭到不少吐槽，被认为不真实。可是所有的节目都要有规则，《中国有嘻哈》也不例外，宣扬宗教、暴力、歧视女性等歌词确实不能存在，要给年轻人以正确的价值观引导。

听吴亦凡评委的惜字如金，不如听欧阳靖来两句

在节目组的四位评委里，真正做嘻哈音乐的可能只有热狗一个人，张震岳是摇滚歌手，潘玮柏是流行歌手，而吴亦凡是偶像歌手，这样评委组合来点评嘻哈音乐，华语音乐圈是找不到其他人来做评委了？

吴亦凡被公认为是喜欢耍帅，说唱水平却一般。如果所有节目都需要一个段子去支撑才会形成话题流量，那么在《中国好声音》节目里汪峰的段子就是“你有梦想吗”，在《中国有嘻哈》节目里吴亦凡的段子是“你有Freestyle吗”。

为了与西方嘻哈文化融合，吴亦凡也是做了诸多努力：让自己的单曲在美国打榜，狠狠在美国音乐圈刷了一波存在感，可是国际市场

似乎并不认可吴亦凡的说唱风格。从偶像艺人到嘻哈歌手的过渡，吴亦凡的音乐之路走得并不太顺。

在参加完《中国有嘻哈》后，吴亦凡的身价直线上升，借助流量上升他发布了自己的唱片，销量超过了同期的鹿晗，后来也在国外两部电影里客串了一把。刷存在感的机会吴亦凡从不放过，电影、综艺、广告，一个偶像艺人该有的曝光他都做了。可是依旧无法摆脱网友对他唱功的质疑和吐槽，很明显在现场说唱比较弱部分都是由吴亦凡演绎，有难度都交给了嘻哈选手。

市场在不断变化，只是靠颜值而没有特色的偶像艺人已经不能满足更加多元化的市场需求，而做嘻哈歌手并不是一个太轻松的事情，需要耐住寂寞，不知道吴亦凡有没有这样勇气和毅力？

《中国有嘻哈》从一开始海选被吐槽就有黑幕。放弃了辈分之争，欧阳靖都成为选手而不是评委，而欧阳靖被淘汰，被众多网友认为是有黑幕。来参加的节目部分选手本身已经在嘻哈圈小有名气，所以受不了评委的指指点点，使得节目争议不断。到最后双冠军奇葩结果的出现，黑幕尘埃落定，节目组被Diss成《中国嘻哈有黑幕》。

就在众多网友吐槽吴亦凡的时候，吐槽节目有黑幕的时候，节目组后台数据表明，《中国有嘻哈》带来很高的参与度，显示了网友对嘻哈的喜欢。不少网友认为，请吴亦凡点评，不如听欧阳靖唱两句。

《中国有嘻哈》带动潮流生意，可是却解不了国民的渴

《中国有嘻哈》的选手打扮都非常独特，靠着搭配不同的服饰，显示独特的人格魅力，比如周延的识别度就非常高，寸头、墨镜、一副爱

理不理表情，比如艾福杰尼，脏辫子、宽宽的衣服、憨厚的表情，这些独特的流量属性成为他们与其他选手最大的不同，他们也会因为这些不同形成了很好的视觉锤。

在很长一段时间内，嘻哈风格的衣服一度被认为是叛逆和边缘的代名词，现在嘻哈歌手却带动了潮流。《中国有嘻哈》节目里不同选手搭配不同的服饰，很能引起一股潮流风。可是这些服饰都是欧美、日韩潮流传到国内的，国内还没有自己的潮流引导能力。

如今年轻人追求自我个性解放，不想遇到撞衫的尴尬，出于对潮流文化的认可，一些年轻人就会去购买相应的周边产品。一些年轻人对奢侈品低欲望，可是却愿意为一款潮鞋的新品发布会熬夜排队。香港一些潮流明星都扎堆在内地开潮品店，“有货”这样的潮流电商也因为《中国有嘻哈》节目的火热，销售额大幅度提升。

《中国有嘻哈》节目的长尾效应带动的不只是对服饰的追捧，更多的是潮流文化的侵袭。这些文化发源地是日本的里原宿文化，文化与滑板、涂鸦等形式进行融合，形成了当地独特的潮流元素与品牌，而这些品牌吸引到一批又一批年轻人购买。

但国内的潮流电商还有很长的路要走，因为整个潮流电商的商业生态还没有形成，相对有流量的IP还是比较稀缺的，目前以余文乐、潘玮柏等为主的潮流IP，在商业生态闭环里比较薄弱，需要更多有意识、有流量的潮流IP进入，用他们的价值内容去影响市场形态。整个潮流市场需求额度比较大，就看如何引导。

一档嘻哈音乐节目，需要做的是让大众觉得嘻哈音乐是可以接受的，所以能够选择的都是大众可以接受的曲风和歌词，可是这并不能还原嘻哈音乐一半的真实状态，即使有《中国有嘻哈》这样的节目带动大批流量扶持，对于嘻哈圈来说依旧缺乏好内容的嘻哈作品，当然这些不是一档节目短时间能够改变的。

《中国有嘻哈》有些歌词因为播出审核的要求被修改，嘻哈歌手本身会觉得节目没有呈现出嘻哈音乐最真实的状态。虽然让中国地下嘻哈音乐放到了大众面前，但对于整个国内的嘻哈音乐没有太大的改变，一场节目结束后，大部分选手还是回归到原来的生活状态。那些头部流量的选手商业化后会不会为了出场费偏离嘻哈精神的轨道？会不会对现实妥协？会不会有一天没有了说唱的激情？也许《中国有嘻哈》解不了国民的渴。

但是即使这样，大部分人还是愿意去支持《中国有嘻哈》，毕竟在此之前没有任何一档专门属于嘻哈音乐的选秀节目。《中国有嘻哈》也让更多人开始消除对于嘻哈音乐的种种误解，也开始以更宽容平和的方式来对待那些嘻哈歌手。

总的来说，我们还是应该感谢爱奇艺为我们带来这样一档《中国有嘻哈》，让那些地下嘻哈歌手走入我们的视野，也让我们开始接触嘻哈精神。即使你是嘻哈小白，也没有关系，因为音乐响起来的时候，你就随意跟着节奏摇摆自己的身体，如果不行，这个时候来一首吴亦凡和选手在节目里唱的那首"三年二班"，这都会让你记住和回味这个夏天最真实的嘻哈音乐。

《中国有嘻哈》关注年轻人，年轻人不只是嘻嘻哈哈

爱奇艺整合资源推广的《中国有嘻哈》，为年轻大众带来他们原本有兴趣也有市场的嘻哈音乐，只是有一些嘻哈圈的玩家认为经过节目组过滤后的歌词和音乐形式是被阉割、是不完整的，成了有嘻哈外

形的流行口水歌曲。但是这种说法是不正确的。因为嘻哈是在地下长期沉淀后形成的音乐文化形式，有一些嘻哈音乐直接在媒体播出是不太合适，是要过滤的，就如地下水直接饮用也是不可取，要过滤后才能喝。

任何亚文化都需要让从业者良性发展，都要有一个良性的循环的商业模式，嘻哈音乐也不例外。如果大部分嘻哈歌手一直都吃不饱住不好，嘻哈行业一直做不大，不融入商业模式，这些人靠什么来维持梦想呢？

《中国有嘻哈》节目组的正能量倡导，给了这些嘻哈青年靠近大众的机会。这些生活拮据的却愿意给自己更多机会的年轻人，顶着很大的圈内压力也来参加节目的年轻人，收入不稳定却还要坚持做嘻哈音乐的年轻人，他们借着节目形成的流量努力跨越当下境况，积极改变自己，因为他们知道，再不努力真的就很难再找到大众认可嘻哈音乐的机会了。民谣从小众走向大众，那些民谣歌手也没有改变初心，带来的依旧是好听的作品，嘻哈音乐也可以这样。

《中国有嘻哈》节目给嘻哈音乐验明正身，一群有态度、有热情、有梦想的年轻人，通过嘻哈音乐的方式去表达对很多社会问题的态度，在讨论这档节目的时候，本身就已经成了年龄的分水岭。

《中国有嘻哈》节目落幕的那一刻，这些怀揣嘻哈梦想的年轻人开始道别，一些回归原来的生活，而另一些人选择其他的道路继续前行，他们在各自的轨道里用自己理解的方式去生活。这些来自地下嘻哈乐队的代表们，在这个夏天用他们认为最热情的方式，为中国嘻哈做了新的诠释。

04 罗振宇、吴晓波、薛兆丰，知识付费领域的超级流量IP

那么多知识付费平台，为什么罗辑思维让罗振宇成为超级IP

从2016年开始，国内的知识付费平台如雨后春笋一般不断涌现，用户数量急速增长，知乎、果壳、喜马拉雅FM、得到等多个知识付费平台在为近5000万的用户提供服务，一时间知识付费成为热点话题。

2012年底，罗振宇开始打造知识脱口秀节目《罗辑思维》，他是主讲人。这个节目刚出来的时候，罗振宇每天早上坚持在公众号发布60秒的语音，所以他曾被大家定义为每天60秒说书的人，没有人知道就是这样一个被忽略的人，日后成了国内知识付费的超级IP。《罗辑思维》也从早期的视频节目转为订阅号音频节目，而后逐渐延伸成长为全新的互联网社群品牌。从2012年创办至今，《逻辑思维》拥有将近860万用户。

从2013年到2016年，《罗辑思维》赶上移动支付和微信公众号平台发展的好时机。2013年，罗振宇用会员制这个看似老套的方法，募集5000名发起会员及500名铁杆会员，不到12小时5500个会员名额售罄，这样的速度和业绩，让他隐隐感受到内容变现的价值。

当然《罗辑思维》发展并不是一直都很顺利的，经历了2014年卖月饼事件，也曾经建立了粉丝群后来不了了之。在Papi酱投资乌龙事件后，2016年罗辑思维的CEO脱不花坚定认为之前几年罗辑思维是走了弯路，做一个知识付费APP才是正经事。

从经营上来看，罗振宇之前是靠每天60秒的音频内容去吸引大家购买会员和推荐的书。可是这些书在其他渠道也可以购买，那个时候罗振宇并没有解决"为什么我要来罗辑思维买这些书"的问题，这个问题后来脱不花解决了：用市场上不可复制的内容去生成巨大的流量，书只是周边产品，能带来的是新一波流量而不是卖书的利润。罗振宇能成为超级IP，脱不花功不可没。

2014年公众号开始有打赏的功能，知乎专栏和微博评论后都出现让用户选择扫二维码付费打赏，打赏虽然经历了一些的失败，却逐渐让用户养成付费的习惯。

不断的积累中用户虽然形成了付费习惯，可是什么样的东西才能够让用户愿意付费？内容决定了用户的实际支付。

2015年果壳推出"在行"平台，2016年《罗辑思维》推出"得到"APP，都是在用不同领域的专家型人才来解决用户要了解的行业问题，只不过"在行"是一对一，而"得到"是一对多，从体量上来说可能"得到"优势比较大。

如果说《罗辑思维》是罗振宇成为超级IP的一个流量开始，脱不花是这个流量引爆的导火索，"得到"则是罗振宇成为超级IP的一个加速器。当然罗振宇能够形成巨大流量和他每年举办的"时间的朋友"趋势演讲也有一定的联系。

罗振宇和吴晓波带来的到底是知识还是焦虑

相信很多人早上一起来，会习惯打开"得到"APP，听一下《李翔商业内参》，或者《五分钟商学院》，对于这些在得到上的有背书的老师们来说，用户会认为用了极少的钱却获得了巨大的知识收获。

创业者也好，上班族也好，他们的很多问题是需要一个领路人来帮助的，而随着时代发展，现实中那个领路人自己都觉得过去很多经验不适用了，方法不够用，根本无法解决存在的问题，这也就是知识付费存在的根本原因，因为无法解决所以寻求连接。

知识付费被普及，罗振宇功劳真的不小，他的思维方式确实影响了一批人。罗振宇从一开始做罗辑思维就是向用户收费，会员制被弄成供养形式，当时还遭受不少吐槽和讥讽，说他是互联网乞讨，可是罗振宇靠着最早的社群走入内容电商，然后如今进入内容付费，带动知识付费的兴起。

如果说罗振宇是引领了都市白领和创业者的流量，那么吴晓波就是国内众多中产流量的收割机。"吴晓波频道" 有2000万中产粉丝关注，他擅长讲趋势和宏观。

吴晓波与罗振宇相比，更像是一个知识行业的观察者。吴晓波通过宏观经济学分析的书籍，比如《大败局》《激荡三十年》等畅销书建立了自己经济观察者的信任背书，然后通过不同城市的书友会见面活动，进行有效的连接。吴晓波现场演讲也是众多粉丝聚集，虽然全国各地都有他的粉丝书友会，但他一直担心用户热情维系度问题，也在寻找合适的产品，希望建立会员制。流量产品《每天听见吴晓波》就是他构建会员制的一个尝试，通过《每天听见吴晓波》与粉丝进行黏度连接，为吴晓波建立自己的IP流量打下了坚实的基础。

付费本身就是用户的筛选过程，价格已经不是用户最关注的，对于吴晓波这样的超级IP来说，要不断提供持续有品质的内容，写书、音频课、演讲、分享、评论成了吴晓波每天生活的一部分，虽然有很大的压力，也会遭遇一些同行的质疑，曾经就有他的复旦同门师兄嘲讽他是“知识商人”，但他知道他所做的这一切慢慢成为众多喜欢吴晓波的粉丝生活的一部分。

内容变现其实就是提供内容服务，这一点果壳网的姬十三和米未文化的马东都非常认同。目前知识付费行业依旧存在体验差、内容不够体系、复购意愿不强的问题，当然行业的问题不是一个平台可以解决的。罗振宇的《罗辑思维》孵化“得到”，通过好的音频课程和有质量的专栏内容，为用户解决焦虑。吴晓波《每天听见吴晓波》帮用户看懂这个时代的商业逻辑，带用户思索、带用户寻找答案。他们用自己的方式在诠释知识付费的价值。

超级IP具备超强连接性，而且用户不排斥，因为非常好的内容已经打破了信任壁垒，剩下就是不断去为自己的IP流量连接更多新的流量。对于罗振宇和吴晓波来说，每一个新加入他们付费平台的会员，都是一次新的迭代和知识的认可。

“知识付费第一人”薛兆丰，为什么越黑他越红呢

原本第五季的《奇葩说》从导师阵容并没有太大的亮点，可是因为网红教授薛兆丰的加入，引起了众多年轻人的兴趣。

2017年，薛兆丰以北京大学国家发展研究院法律经济学教授的专业身份，在“得到”上开设专栏《薛兆丰的经济学课》。这一专栏受到大量用户的喜爱，订阅量高达31万，按照课程单价199元计算，这个课程为得到平台带来了6000多万的营收。《薛兆丰的经济学课》一度成为知识付费领域的标志性作品。

人红是非多，薛兆丰被北大同事质疑其专业水准和教授资格，可能是因为薛兆丰的讲课方式和传统的学校教育不同，在一般人的认知里，教授是不能带有网红性质，而且教授是不能参加综艺节目的，薛兆丰挑战了“教授”的身份，是对“高深”学问的不尊重。

薛兆丰并不在意这些，他关注的是知识点有没有让用户听懂。薛兆丰把复杂的经济学理论用通俗易懂的语言表达出来，是有温度接地气的知识，而不是枯燥刻板的理论。对于很多用户来说，听薛兆丰的课程比听其他教授课程要好很多，传统的知识如何去传授得让用户心服口服，薛兆丰在这一点上是很有方法。关于那些质疑和非议，薛兆丰写过一篇《知识的价值与付费与否无关》，表达了自己的态度：把知识的价值与付费与否相提并论，本身就是一种浅见。

其实经济学本身就是服务大众生活的，所以薛兆丰把新书《薛兆丰经济学讲义》发布会放在了北京三源里菜市场，办了一场看似艺术的经济学生活展——“菜市场遇见经济学”。薛兆丰把新书发布会放在菜市场，就是希望更多人通过日常生活的场景去发现经济学的乐趣。这场发布会刷屏了年轻人的朋友圈、微博，毕竟一个新书在如此接地气地方发布，够大胆、也够有意思，而社交媒体上传播的发布会也为薛兆丰的线上课程带来了不少转化。

马东把薛兆丰请到《奇葩说》也是看到他是经济学领域头部流量的IP，能为节目带来粉丝，同样《奇葩说》的流量也会为薛兆丰带来更多的关注，对其线上课程转化起到了推动作用。

在《奇葩说》里，薛兆丰和其他导师风格不一样，成了整个舞台的理性担当，在辩论环节不遗余为的为大家讲授经济学课，传授经济学概念。薛兆丰的解读角度和逻辑说服力让更多人折服，也让他收获了大量的粉丝。

通过“得到”专栏薛兆丰为自己稳定了一批忠实的流量，而这些人又会为薛兆丰的课程带来更多的口碑流量。想一想在薛兆丰未红之前，我们脑海中的经济学家是怎样的？经济学属于学术，学术的刻板被薛兆丰打破了，这样的差异化使他形成超级IP的人格属性，可识别度非常强。

当大部分经济学教授都还停留在不断去研究经济学理论，试图用更高深的知识解释现象时，薛兆丰已经把理论运用到生活场景中，因为他知道连接用户的生活，才会带来更多的应用，才会有更多的流量，有了流量才会让更多的人去学习经济学和运用经济学。

知识付费的风口还留下多少机会

知识付费领域分成两个方向，一是像知乎这样的UGC付费阅读平台，也就是用户生成内容；另一个就是像“得到”这样的PGC付费订阅，专业生产内容、专家生产内容。

对于UGC的付费，用户似乎并不愿意买单，60秒的语音真的很难解决用户的问题，甚至连一个疑问点都消除不了，所以像“分答”这样的产品面市以后一直不温不火。

那么UGC这样付费方式不能完全解决问题，谁可以解决？就是

“得到”这样的PGC付费订阅。因为通过PGC的运作可以提前帮用户筛选出行业顶尖的知识人才，传递给用户的是有效和专业的系统化知识。

互联网，特别是移动互联网的到来，用户出现重大转变，大多用户对付费知识订阅的要求是：碎片化、速食化、社交化。用户固定式阅读的时间越来越少，因为是碎片化的时间，更多的是偶遇式阅读而非搜索式阅读，他们从这些碎片信息中系统地获取想要的知识。刘润的《五分钟商学院》就顺应了这一趋势，非常合适用户在地铁或吃饭时间阅读。时间碎片化使得内容需求趋向于轻松随性，过于严肃的内容用户是无法消化的，他们接受的多是速食化的内容。

如今圈子成为年轻用户看世界的窗口，他们在圈子里看其他人的动态，也希望把自己所阅读的内容通过朋友圈、微博等圈子分享出去，如果有朋友同时在阅读，就会产生讨论和分享，这也是内心需求社交化的一部分。

知识付费最早一波的玩家，从喜马拉雅FM到知乎、从得到到千聊，都有不错的发展，如今知识付费的内容增长已经成为传统行业吸收和学习的方向。

对于用户来说，已经慢慢养成了付费的习惯。经过几年的沉淀，如今用户对于付费订阅是比较谨慎的，毕竟购买的那些从未看过、听过的课程，标准不太好把握，虽然每个单价并不高，可是加起来也是几千元，也是一笔不小的花费。

从2018年开始，整个知识付费领域头部资源不断下沉，不断通过预售方式来变现，比如比特币流量IP李笑来，在经过被黑之后出的那本《一个韭菜的自我修养》预售过10万册，这是流量带动的效果。

2019年，众多平台中有迅速发展的是小鹅通，它通过会员制区别于其他免费平台，大量头部的超级IP都把自己的音频课程放在小鹅通上，因为小鹅通拥有系统的管理体系，相比其他免费的平台来说，小鹅通成为知识IP们的辅助管理工具。

在知识付费平台同质化严重和流量出现枯竭的当下，超级IP会在多渠道变现和打通流量。比如会通过腾讯和爱奇艺的平台，获得新的流量和新的渠道关注，这些新的关注会带来内容上的提升。

为什么那么多时间管理的课程大家选择Angie的课程？为什么那么多经济学课程大家选择薛兆丰的课程？为什么那么多商学院课程大家选择刘润的课程？因为这些人都是知识付费垂直领域头部流量的超级IP。

如果你也希望在知识付费领域得到自己的流量，那么努力成为这个领域的第一吧，因为只有第一才能够得到最大的流量。

"在行"这样的知识问答平台，早期入驻的条件宽松，如今入驻的审核手续复杂，平台的行家通过用户的不断评价体系增加新用户的信任。平台单个用户的复购并不高，但平台质量并没有放松，还是集中聚焦，果壳在筛选机制上还是值得肯定的。

我们从不会为知识去付费，而是获取知识过程中把钱付给了那个帮我们转化知识的人，也就是我们所谓的"知识IP"。在未来，提供优质的内容成为知识付费玩家的最核心能力。知识付费的从业者不需要创造知识，可是却要传递有效的可以转化的知识。无论知识付费怎么变，风口有没有过，都不重要，知识让你缓解焦虑，帮助你解决一些问题，这样知识才回归到原本的解惑层面。

05 民谣的夜晚，而我们已不再是那个孤独的少年

民谣一直被误解，过去从未向未来道别

从20世纪90年代起，校园民谣渐渐转入流行民谣，在各大音乐节上，大众听到的民谣更多是混杂在电音、摇滚里面的流行民谣。在很长的一段时间里，整个民谣音乐市场不景气，一批优秀的民谣歌手要不就是转型，要不就是硬撑着。

能够在民谣音乐这个领域达到头部流量的也就那么几个人，赵雷、好妹妹乐队、陈粒等，而我们印象深刻的朴树、老狼也都随着音乐市场的不断变化，慢慢地被淡忘。

在校园民谣时代，高晓松集结了一批好的音乐人制作了一张专辑叫《青春无悔》；宋柯的麦田音乐推出“红白蓝系列”，虽然大家只记住了白色专辑的朴树和蓝色专辑的叶蓓，只有资深的民谣发烧友听到红色专辑的尹吾才会有所触动。

在民谣音乐不景气时，高晓松有着自己的节目，有着众多的粉丝，民谣音乐于他似乎就是一个回忆。他和好友宋柯甚至卖过一阵烤鸭，他们出现在大众视野里面，就是在音乐节目里的资深评委，这

个“资深”背后隐含的20年民谣音乐的辛酸，或许只有宋柯和高晓松清楚。

可能很多热爱民谣音乐的年轻人会觉得成为民谣歌手是件很浪漫的事情，拥有众多粉丝也是件让人向往的事情，却不知道民谣歌手要经历多少贫穷、嘲讽和误解。民谣歌手最后能够最后坚持下来，歌手和经纪人背地里都经历了不少辛酸。

那个年代音乐盗版非常猖獗，很多音乐人是歌曲很火、日子却过得十分拮据。更不用提在民谣音乐最暗淡的时候，他们发的专辑没人购买，只有像宋柯、高晓松、沈黎晖这样的真正热爱音乐的人，才坚信民谣音乐会等到它最好时代的那一天。

抱着改变民谣歌手现状的理想，高晓松和宋柯都进入阿里音乐。目前国内腾讯和网易线上数字音乐版权的流量非常大，而阿里更想切入的是演唱会这个音乐场景。

沈黎晖创立“摩登天空”也算是对国内原创音乐版权的支持。摩登天空也是最早引进国外数字化音乐的专业公司，我们能够听到的很多摇滚作品和民谣作品基本都归属于摩登天空公司。如今国内十分重视音乐版权，其实好的音乐人有好的作品，在这个时代还是可以变现的。

互联网的高速发展给音乐带来了巨大流量，让音乐可以连接一切，连恒大地产这样的公司都成立了专门音乐部门，可见音乐的魅力。想一想中国有一段流量音乐期就是彩铃时代，那个时候网络歌曲迅速走红，算是互联网音乐最早期的流量表现形式。

因为市场多元化让小众的民谣音乐也被关注，年轻人需要民谣音乐调剂他们的生活，民谣音乐正式从过去街边的小型唱片店步入到线上线下的数字流量音乐时代。

曾经民谣歌手在酒吧唱歌台下听众也是爱理不理，如今一些民谣流量IP像马頔、好妹妹乐队等都可以在北京工体这样的一线明星才能开演唱会的场地开唱。民谣音乐的过去从未和未来告别，而是进入了一个更好的时代，有好创作的民谣音乐人再不用担心下一顿吃不饱的问题。

赵雷火了民谣商业变现容易了吗

赵雷在《我是歌手》节目里唱了一首《成都》，画面感十足的歌词，唯美、质朴与伤感并存的旋律和唱腔，让他一炮而红，很多人因为这首歌去成都那个酒吧寻找赵雷。

赵雷因为走红带来了巨大的流量，形成强大的圈层效应，他在网易云音乐的第三张专辑《无法长大》采用付费数字形式，一共卖了16万份，赵雷从这张专辑获得的收入是100万。

随后赵雷开始了全国巡回演出，一共有13场。巡回演出对于一个民谣流量IP来说就是最好的释放流量、连接新的流量的机会。大部分民谣歌手都是从早期的Livehouse慢慢进入音乐节的，然后因为音乐节带来的线上线下流量的增加而形成IP聚集效应，也就是我们常说"出名了"，而民谣歌手的流量释放形式就是大型演唱会。

优秀的民谣作品从不缺少流量，从《南山南》到《董小姐》再到《成都》，浅声吟唱的方式总能触动听者的内心，勾起一丝感动。看《我是歌手》的年轻人，更多的是看他们喜欢的歌手，因为喜欢才会产生关注。当然能够让民谣歌手形成流量方式比较多，微博、豆瓣、知乎等平台都可以沉淀流量，还有一些就是和赵雷一样参加音乐选秀节目和真人秀节目走红，进而产生更大的流量。但是这些流量怎样达到头部流量，进而爆发，怎样激发成新的流量，绝对是个难题。

想达到头部流量，早期粉丝沉淀是非常重要的。赵雷的粉丝中青年女性比较多，她们喜欢赵雷内敛性格和音乐爆发力。赵雷在《我是歌手》这一夜的火，是沉淀了若干个酒吧夜晚的串场经历和无数个不眠之夜的艰难创作。赵雷也曾经参加过“快乐男声”，却因为合约原因淡出大众视线。

与赵雷有类似经历的民谣诗人周云蓬，早期游历弹唱的时候积累了一批忠实的粉丝，这些成为后续流量可以爆发的基础。

赵雷的走红背后真正原因其实是观众对民谣歌手认同。民谣音乐能够得到大家喜欢，其中一个重要原因就是所有的内容创作都来自熟悉的生活场景，而这些场景能够最大限度激发很多人与这些城市的连接。

赵雷的走红也少不了强大的流量支持，如果不是湖南卫视集中资源去做这档《我是歌手》，可能赵雷还是以前的赵雷。所以对于民谣歌手来说，除了认真创作，如果希望达到更大的流量，需要资本的推动和强大流量的支持。

对于大多数民谣歌手来说，商业转化依旧很难实现，虽然已经有一些收入不菲、步入中产，但是他们只占民谣音乐这个市场很小的一部分，大约90%的歌手生存状况一般，很多可能还没来得及沉淀就已经支撑不下去。

朴树不再是少年，我们却永远站在原地且听风吟

00后熟悉朴树是因为听《平凡之路》，90后熟悉朴树是因为听《生

如夏花》，而80后熟悉朴树是因为听《白桦林》和《那些花儿》，这个时间跨度是18年。

朴树活得特别自我，和他歌词一样，脆弱而且易碎。父母都是高校老师，在高级知识分子家庭背景下成长的朴树，觉得音乐才是自己内心最好的释放方式。

如果不是遇到张亚东，或许就没有后来的朴树。20世纪90年代音乐最大的爆发也就是1994年红磡体育馆“中国火系列”，此后很长时间国内再无让人期望的作品出现。

1999年，由张亚东担任专辑制作人的朴树的首张个人专辑《我去2000年》发布。这张专辑在1999年听的时候还是非常有未来感，火遍了校园，那个时候我还在百万大军过高考那座独木桥上，朴树的声音与未来的忽远忽近非常契合，吸引了我也吸引了众多粉丝。可是没想到的是，巨大流量带给朴树的不是动力而是巨大的压力，所以《我去2000年》那张专辑之后朴树就消失了，很长一段时间没有新作品出来。

2003年，朴树选择11月8日自己生日的当天发行了第二张专辑《生如夏花》。发布这张专辑时，听过《我去2000年》的那批人都快毕业或者已经毕业进入社会了。这张专辑的还保留了上一张专辑的大部分曲风，表达更多的是这几年心态的变化，而这张专辑为朴树赢得众多奖项。

2014年，《猎户星座》专辑的发布，线上销售10万张。在如今数字化音乐时代，朴树愿意让自己的唱片在新平台商业化，这也是成长下的蜕变，要知道这样的决定对于一个一直拧巴的人来说，非常不易。

2017网易云音乐原创盛典，《猎户星座》被评为网易云音乐年度专辑，当朴树站在领奖台发表感言的时候，很多人是含着泪的，因为朴树的每一句话都让人特别心疼。只有陪伴朴树成长的那批人才能够了解其实他一直在不断妥协，唯独没有妥协就是音乐。这十几年来一直不愿意成长的朴树，相比那些已经不再出现在公众视线的曾经陪伴很多人青春的音乐人，他已经很努力了。

朴树这个流量IP最大的流量来自哪里？就是他那份真实和不愿意成长，与当下的年轻人心态特别吻合。有的人永远可以在时代的缝隙里发光，而朴树对站在获奖屏幕身后的那些人，何勇、窦唯、张楚、许巍、老狼……充满敬意，所有这些人的流量全部汇聚在朴树一个人身上。朴树愿意坚定用音乐走下去，是民谣音乐的一大庆幸，希望这一次他不要再消失在公众的视野里。

第五章　品牌年轻化和娱乐化

01 传统消费品牌如何在流量黑洞时代获得“年轻化”标签

品牌为什么需要年轻化

江小白定义自己是年轻人的小酒，从某种意义上说可以算是一款年轻人用最少的钱喝到高格调的小酒。在江小白上市之前，小酒大多是在街边小店和饭馆的收银台后面陈列，一般大一点餐厅都没有这种小酒售卖，而四个人以上聚会也基本都是喝大酒。江小白重新定义了小酒市场的消费习惯，给年轻人一个有面子还能社交的全新的喝酒方式。

“品牌年轻化”如今已经成为很多人茶余饭后讨论的话题，一个传统品牌转型年轻化马上就能成为朋友圈讨论的话题，这是为什么？

品牌年轻化不是简单地设计几个年轻化的包装，使用几个看似年轻人喜欢的吐槽文案，用年轻人喜欢的时下流行的元素去诠释一下，如果仅是这样是不能够感动年轻人的，更不要说让他们消费。

品牌年轻化也不是完全追求形式上的年轻，更不是单纯年龄上的划分，例如锐步（Reebok）选择王顺德作为代言人就证明了这一点。80岁的王顺德离小鲜肉很远很远了，可是他身上的自信、突破自我、打破年龄的界限、坚持的特质是当下年轻人所欣赏和追求的，这样的品牌年轻化形式反而可以得到年轻人的共鸣，从而产生传播和转化。

如今的年轻消费群体，自我满足的需求成为主要的消费趋势，一个人生活、一个人娱乐、一个人吃饭成为一种独立自主和自在生活的表现。一个人不是真正的孤独，是当下很多年轻人诠释出来的心理状态。品牌想年轻化最需要抓住这些心理层面的年轻而不是追求表面形式的年轻。

如果品牌想走年轻化的道路，最便捷的方式就是保持鲜明的个性，越清晰越好，比如海尔冰箱的活跃、杜蕾斯的"污"、江小白的文艺，这些都是一个品牌最鲜明的特征，不需要太多但是一定要集中突出。

诚品书店增加了农贸产品的市集，MUJI无印良品在日本大阪也开了一家生鲜超市。这样跨界经营，只是为了让年轻用户关联新的消费场景，利用年轻人的猎奇心理抓住年轻人的眼球，进而抓住他们的消费。

有些品牌年轻化可以从品牌主张上走，包装设计改不改变都没有关系，比如三九感冒灵，依旧是传统的包装，可是每一次的广告传递的品牌主张都能够让年轻人产生共鸣，这也是品牌年轻化比较成功的一个案例。

很多传统品牌的品牌期非常长，这些品牌如今也面临市场消费主体年轻化的趋势。年轻化是为了品牌活跃在主力消费群体面前，不想被他们遗忘。当然也不是所有品牌必须要年轻化，有些品牌客户就是中老年人，强行年轻化反而会丢失客户，得不偿失。

从一句广告语和品牌名就知道品牌是否年轻，只有品牌拥有了年轻的内核和态度，才能够让品牌形成真正年轻化的价值观，进而在消费中产生共鸣。总的来说，一个品牌年轻化，是为了适应当下已经改变了的消费主体环境。品牌年轻化没有一个标准的套路和公式，只能从年轻人当下的消费行为去挖掘这一代年轻人的消费倾向，品牌顺势而为，才能够得到最主流的流量。

百雀羚和六神花露水，如何让年轻人种草

百雀羚作为一个有80多年历史的国产护肤品牌，20世纪80年代曾风靡全国，但是在2000年之后有近10年的时间，百雀羚一度退出公众的视野。从2008年开始，百雀羚转变经营思路，及时进行品牌的宣传推广，2017年的业绩冲到了177亿元，妥妥领跑了国内护肤品。

百雀羚从2008年开始转型，品牌诉求开始年轻化。一般的护肤品牌把专营店当首选渠道，百雀羚而选择超市作为主要销售渠道，并把主要消费群体锁定了年轻妈妈。因为年轻妈妈群体对护肤品的安全问题极度重视，百雀羚以“草本安全护肤，不刺激”作为品牌定位，主打抗衰老和保湿——女性群体还是非常关注抗衰老这一点。

合适的代言人可以给品牌带来正向的流量，百雀羚选择年轻人喜欢的明星做代言人，投放渠道也是年轻群体和妈妈群体喜欢看的节目《快乐大本营》和《中国好声音》等，效果非常好。在广告的引导下，这些妈妈逛超市看到百雀羚会有莫名的亲切感，而大牌明星的代言使得她们内心逐渐认同百雀羚的大牌化和国际化。

百雀羚拿下《中国好声音》的赞助权，加上超市的品牌覆盖后，加强了妈妈群体购物时候的品牌印象，对其线下转化率是有一定促进作用，这些为了后期的传播奠定了基础。然后从2016年天猫“双十一”

购物节开始，百雀羚拍摄的宣传视频，更吸引了年轻群体的注意，也增加年轻人的品牌好感度，让年轻人觉得百雀羚是个好玩的品牌，不老套也不油腻。

一个老国货品牌并没有因为时间被贴上老龄化的标签，这样的印象非常重要，一旦产品被人们认为使用群体是老年人，再想年轻化就非常难。与时间为敌的百雀羚呈现年轻化后，成绩斐然，它告诉我们一个理念：要想在新时代成功发展下去，营销、宣传、定位、服务、产品……每一样都需要革新发展。

同样是老品牌的“六神花露水”，针对年轻人群体，发布了一个《花露水的前世今生》的视频，在年轻人心里立马就种了草。

夏令时节，“六神花露水”选择众多明星一起通过社交平台在线上代言，新品发布活动通过微博和知乎两个平台投放，引发全民讨论，借助明星的流量和媒体增加曝光度，形成六神花露水的口碑深度沉淀，刺激年轻消费群体的购买欲。

自媒体渠道六神花露水也没有放过，一篇《乾隆抛弃大明湖畔的夏雨荷其实另有隐情》的自媒体文章获得近60万的阅读量，成为年轻人讨论的热点话题。

对于娱乐化的综艺节目，六神与《跑男》等节目的合作也是让年轻人看到其诚意满满。一档年轻人喜欢看的综艺节目，集中在目标受众群体进行强曝光，加强了年轻人对于六神品牌的印象。微信朋友圈渠道的传播，形成二次的讨论和分享。

国民品牌的回归，说明年轻群体消费趋于理性化和实用化，除了一些只用国际品牌的人，如今大部分年轻人觉得使用国民品牌是一种时尚，只用国际大牌的人在他们看来就是小白，所以用百雀羚和六神花露水对年轻人来说，不只是面子，更多的是社交价值的体现。

中式雪糕"中街1946"自带网红流量，如何做到1天销售40万支

一家2016年创立于上海的雪糕品牌"中街1946"，竟然在天猫做到雪糕品牌的NO.1，15元一支的雪糕，有一天销售40万支的疯狂，把哈根达斯、八喜等知名品牌远远甩在后面。一年内"中街1946"开设多家线下体验店，表现也很不俗，一天店内接待近1000人，单店甚至创造了一天4万元的销售额。

雪糕市场质量一直参差不齐，传统的雪糕品牌已经不能完全满足年轻人的消费。诸如方便面我们记住了"康师傅牛肉面""统一老坛酸菜面"……茶类饮品我们记住"康师傅冰红茶""蜂蜜柚子茶"……雪糕行业我们却只有"巧乐兹"和"脆皮筒"。喜欢雪糕的年轻人一直期待好吃也好看的雪糕，可是市场上就是没有。

在没有中街1946之前，市场上的雪糕基本被几大传统品牌垄断，存在品种众多难以抉择、口味单一甜腻占主导、外形老土让人没有拍照欲望，这些痛点一直存在却没有任何一家传统雪糕品牌去解决，似乎大家觉得这样就已经很好，对雪糕这样低价格的产品，不用去洞察年轻人购买雪糕时的想法。

"中街1946"通过"中式雪糕"概念在雪糕的品类里聚焦，因为这样不仅有别于那些国外的雪糕品牌，还让自己从众多起着英文名字的国内雪糕品牌中跳出。在我看来，一些品牌取的名字崇洋而且拗口，自己都不一定记住，更何况普通用户，而"中街1946"很有年代感的名字一下就能被记住。

在与用户连接上，“中街1946”一直走在行业的前面，毕竟品牌与用户连接是品牌传播的重要的一步。“中街1946”与书店合作，这样传递给用户的品牌形象是有沉淀和内容的，打破了很多雪糕品牌的价值属性。

在销售渠道上，因为“中街1946”主要是线上渠道销售。对于雪糕产品，线上渠道和线下渠道最大区别是突破了季节和时间限制，特别是像在深圳这样南方城市冬天吃雪糕也不是奇怪的事情，所以相比线下的限制，线上的电商发展空间更大。

为了增加用户的复购，“中街1946”也是花了不少功夫，首先强调雪糕“新鲜”，让用户购买完尽快食用，以期增加复购率；其次通过家庭客户购买产生健康理念传递；然后因为有线下店铺存在，这样可以辐射线下一公里附近，让用户在最短的时间内收到雪糕。

对于很多雪糕品牌来说，冬天是最难熬的，毕竟大部分人心里觉得冬天吃雪糕不太适合。“中街1946”为了让年轻人在冬天购买雪糕，在讲故事上也是花费不少心思，比如有款雪糕就叫“冬日柚惑”，将冬季故事与产品特性做结合——你在南方的艳阳里裹着袄，我在北方的寒夜里吃雪糕。诱惑年轻人在冬天吃雪糕，让他们产生一种认知：在冬天吃雪糕是件时尚又酷炫的事情。

如果没有线下的形象展示，单纯线上电商平台，“中街1946”这样一个雪糕品牌也不会如此火。因为线下体验的好感，会增加社交平台的二次传播。在诸多网红品牌生命周期短，如昙花一现，迅速消失在公众视野的环境下，“中街1946”慢慢让自己的雪糕品牌撕下“网红雪糕”的标签，让“中式雪糕”的标签进入用户的心里。

乐纯酸奶——让伊利、娃哈哈、蒙牛刮目相看的酸奶流量IP

一提到酸奶，相信大家脑海中都会想到超市那一排排的保鲜柜，瓶装的、盒装的、袋装的，在普通消费者看来，诸多酸奶品牌都没有什么区别，除了包装上的名字，基本是分辨不出自己拿起的到底是哪个酸奶品牌。消费者在购买酸奶时主要靠品牌判断，随机性很大具体也说不出哪一个更好。

可是就有这么一款酸奶，后起却让众多的米其林餐厅主厨和奢华五星酒店的行政主厨采购，用品质征服那些挑剔的味蕾，用安全的冷链配送让用户放心，这就是乐纯酸奶。

乐纯酸奶最早的一家店在北京三里屯，店面只有35平方米。熟悉北京的朋友都知道三里屯那里店面租金非常昂贵。乐纯酸奶品牌开始走红是因为创始人刘丹尼的一篇文章《三里屯多了一家价格很奇葩的公司》，这篇文章点击量超过10万，转化带来2000多份订单。

在一般用户认知里，突然火的品牌不具有延续性，一般都火不了太久，可乐纯酸奶打破了这个认知。乐纯酸奶其实是社交属性酸奶产品，具备互联网基因。

研发时，乐纯酸奶不断通过不同的社交平台向美食博主、营养师、美食摄影师等征集意见，让真正懂美食的第一批种子用户参与乐纯产品的开发，让自己的产品了解用户，了解年轻用户对健康和营养的需求。乐纯酸奶重视产品的口感，为了让用户一直都有新鲜感，不断研发新品，比如针对喜欢榴梿口味的用户推出榴梿酸奶，切中了喜欢榴槌人的那份执着。

当看到美食博主都在喝乐纯酸奶，美食博主的忠实粉丝因为相信他，会直接购买博主同款酸奶。在这些流量用户看来，喝乐纯酸奶不仅获得了好口感，也满足了社交需求，因为他们觉得相比豪宅和跑车，喝奢华五星级酒店才能喝到的酸奶品牌，本身就是一种价值体现。当然乐纯酸奶对VIP会员提供的产品包装设计是区别于一般产品，这让收到乐纯酸奶的VIP用户内心还是有一丝丝社交彰显的货币资本。

目前乐纯酸奶的销售渠道主要是五星级酒店、高端店、线上渠道和7-11便利店，平均一天的销量在10万盒。相比一般酸奶，乐纯酸奶的价格是比较高的，一瓶25元左右，可是偏高价格不但没有降低用户的购买，反而让用户觉得价格高是因为用料成本高。确实，乐纯酸奶对产品的品控是变态的，每一杯酸奶用3倍重量的鲜牛奶发酵，然后脱去乳清制成，完胜那些靠添加剂的酸奶。

乐纯酸奶依靠互联网圈层流量进行精准传播，创始人早期的话题故事也为它带来一波又一波的流量。这样善于利用流量的品牌，让那些做了很多年的前辈们刮目相看。相对于流量的激发，乐纯酸奶知道只有流量之后的产品回归，不断升级迭代产品，靠自己产品超出竞争对手好几倍的好口感和品质，才会有机会弯道超车。

02 有鱼猫粮、李宁国潮、褚橙、音遇，用流量占据年轻人的生活圈

“猫不需要你猫只需要猫粮”，有鱼猫粮比你更懂猫的胃

在不少年轻人的认知里，待在家里撸猫比出去社交要来得舒适和安全，看抖音上的各种奇葩的猫就能知道。如今养宠物已经成为年轻人生活的一部分，猫又是宠物中最受欢迎的，讨论猫已经成为年轻人社交圈的话题，喜欢猫的和不喜欢猫的因为爱好而自然分层，圈层文化在如今的年轻人世界里越来越受到欢迎。

猫可以独立生活，不会过于依赖主人，养猫的人一般都是有点时间却不充裕的人。年轻的养猫人抱着猫一起在B站看弹幕，然后自己笑倒在沙发上可是猫却依旧淡定；在京东和淘宝给猫买猫粮，猫却对键盘上的图片毫无反应，依旧呆萌看着发光的屏幕，也许这就是年轻人和猫的连接点。

猫还是对鱼有兴趣的天然逻辑，促使有鱼猫粮的诞生。有鱼猫粮经过上百次的尝试，最终采用特殊的加工手法最大程度保留了深海鱼的营养和鲜美，是一款符合营养学比例的猫粮。在众多的猫粮品牌中，有鱼猫粮把最简单的猫粮做到极致：每一口都是“太平洋的味

道”，通过极致的筛选标准，精准的定位，一度让有鱼猫粮成为猫粮行业的“三星米其林”。另外有鱼猫粮用高于市场其他产品的价格体系，让购买人群的流量自然进行筛选。

有鱼猫粮因为2018年在亚洲宠物会上展览曝光后迅速获得众多专业人士的好评和口碑传播。在国内，吸猫群体一半以上都是90后，有鱼猫粮的消费群体也定位为90后。而笑果文化是一家专注年轻态喜剧文化的公司，因为《吐槽大会》而被众多年轻人喜欢。因为高度重合的年轻受众群体，再加上李诞本人也爱养猫，2018年12月，有鱼猫粮与策划出《吐槽大会》的笑果文化联合推出“年年有鱼”新年礼盒套装，李诞成为有鱼的“首席铲屎官”，这样的称呼比起传统称呼代言人、经理、CBO等都更贴合品牌的属性，两家不同品类的品牌因为都为年轻人服务，而产生了跨界合作。

在品牌联名上，彼此品牌属性尽量接近，不能差异太大，否则会影响两个品牌彼此之间的用户对于品牌的好感度，一旦用户对品牌的好感度降低，就会出现非良性的品牌信息传播和购买力的持续下降，所以有鱼猫粮抓住笑果文化的好玩、有趣、多元化的年轻属性，这些流量可以帮助有鱼猫粮在年轻人的市场里立足。

无论对猫多么好都很难俘获猫的芳心，可是相比俘获猫的芳心，俘获猫的胃更容易，猫其实并不需要你，如果可以只需要给它喜欢吃的猫粮就好。因为懂猫其实必须懂猫的胃，再大脾气的猫一顿猫粮都可以解决，如果不行就再来一顿，毕竟猫以食为天。

在如今消费时代，年轻人对于量的级别无感，可是对于品质却有自己的态度，品牌背后的价值观和生活态度才是年轻人购买的最大动力，其实他们在购买当中也在不断感知和体验，寻找到属于自己的那份归属感。

李宁国潮，从制造到设计的转型

2018年纽约秋冬时装周，李宁2018 秋冬系列服装新品刷新了国人对于潮流的认知，也让国人和世界看到了中国品牌崛起的希望。对于引领时尚的服装行业来说，纽约时装周成为众多品牌期望展示的舞台，与李宁一起参加纽约时装周的国潮品牌还有太平鸟和CLOT，在这样一个年轻和激情、创意和商业融合的舞台上，李宁和这些品牌一起为国潮争得了应有的流量。

在80后的脑海中，李宁就是陪伴中国第一批千禧年大学生的运动服饰品牌。在那个年代，李宁确实引领了一批运动的潮流，但这个潮流和真正的潮牌还是有很大的差距的，最起码在那个年代人不觉得李宁就是潮流品牌的代表。

在本土服饰品牌慢慢被年轻消费者拉下的时代，当很多品牌还停留在早期的认知的时候，李宁和太平鸟一样，学会了“快时尚”的逻辑，早早就布局了线上电商。当传统服饰品牌被线下市场萎缩影响的时候，他们多品牌同时发展，专注二三线城市，这样的布局与其说年轻化，还不如说抗衰老。

李宁目前依旧专注二三线城市市场，所以相对一线城市的竞争，李宁从设计到推广都比同期服饰品牌要更紧凑，社交媒体和KOL同时强力推广，对于曾经亏损的李宁来说，是必须要走出去的一步。李宁从2012年的亏损到2018年的复兴，中间的6年，一直通过互联网方式在为自己的品牌注入血液，用新零售的方式让自己的品牌形象在年轻群体心里有一个新的诠释。

2016年到2018年是国民品牌复苏的黄金时期，这段时期年轻人对国内品牌的关注度是前所未有的高涨，曾经风行的欧美品牌慢慢地被设计感和时尚感引领的国潮品牌取代。李宁也从最早的卖货思维转型为如今的设计思维，早期服装市场只要有衣服就可以卖出去，因为那个时期年轻人追求的是温饱而不是审美，当然他们也没有选择和比较，那个时期外国的潮流并没有完全引进国内，所以在一个相对封闭的环境里，国内品牌因为相对没有竞争而显得优势满满。

相比那些欧美品牌，在国内消费自己的国潮品牌，成为在消费欲望发达的今天年轻人与品牌连接的最好方式，而上海时装周成为国内设计对接国外时尚的最好平台，对于国内年轻群体喜好的精准把握，李宁的快速应对和落地，让年轻人看到它的诚意和态度。

一个流量的时代，有颜值的设计就可以带来大批流量，即使只是在线上，销量都可以让你惊讶。由于纽约时装周的巨大流量，闭幕后李宁走秀同款衣服迅速售罄，不需要太多推广轻松让品牌形成自然流量，不断在年轻人群体产生新的话题和社交货币。

因为李宁等国潮品牌的复苏，也是中国设计行业的复苏，慢慢的中国市场已经开始影响国际市场，慢慢的中国设计也登上了世界设计的舞台，有了自己的话语权。

褚橙的情怀是表面，内在那份精神才是真正打动年轻人的原因

在褚橙之前，国内的橙子基本是靠产地被消费者记住，比如我的老家江西赣南的脐橙，就是一个靠地域被记住的橙子。而销售渠道也

是传统的水果批发商和水果店，很难有更下沉的市场。

2012年11月，85岁的褚时健种植的“褚橙”通过电商方式开始售卖，因为品质优良，很快被销售一空。褚时健成为“中国橙王”。因为褚时健的个人经历，褚橙后来被定义为“励志橙”，众多明星义务宣传褚橙背后的精神，更多有流量明星致敬褚橙。褚橙打破了很多人的想象力，打开了创建农产品品牌的想象空间，在此之前，很多人从来没有想过吃个橙子还要看牌子。

当然，褚橙也不是一开始就火的，在刚开始的那几年，褚时健就是用传统的摆摊方式售卖。在一些水果电商眼里，褚时健的小摊不值得关注，更不可能被当成竞争对手。

互联网公司在创业的时候擅长讲故事，很多人觉得褚橙是靠文案获得传播和流量的，只有真正参与褚橙品牌传播的人才知道，褚橙是靠每一次地推不厌其烦的讲解，慢慢进入用户的内心。在地推上，褚时健还是非常有思路的，让褚橙进入社区、在固定的场地摆地摊，进入中端餐馆，进入一些企业进行分享，这些靠品质建立起来的口碑为褚橙打下了坚定的市场，也为流量沉淀做了非常扎实的基础工作。毕竟对于用户来说，水果好吃才是关键，在口感面前再好的文案和包装手法，都是徒劳。

在设计和文案上，期初褚橙采用小清晰的设计，每个包装盒外面都是有趣的文案，而且都是年轻人喜欢的风格，例如“谢谢你，让我站着把钱挣了”“母后，记得留一颗给阿玛”等，这些适合在年轻人群体里传播的文案体，更是拉近了与年轻人的距离。在营销宣传上，引进了蔡康永、李静等大咖为褚橙代言，利用他们的流量来为褚橙引流。

新的一季褚橙文案开始走心，用创始人褚时健的人生起落做文案核心内容，通过褚时健的故事去为褚橙背书。在新的包装设计使用新的开启结构，轻轻向外抽拉，橙子就会自动升起，方便增加了终端的展示功能。

褚橙表面看设计和文案很抢眼，背后透露出褚时健对于褚橙品质的严格把控。在过去，橙子大部分都是农村自种，没有太多的品控标准，在一个没有品牌的市场去建立品牌是需要一定勇气的，毕竟大家习惯没有品牌的产品，突然用品牌去约定橙子，初看好像是有涨价的嫌疑，可是价格的背后是对橙子的那份初心。

褚橙的宣传语“人生总有起落，精神终可传承”。“传承”也许是这个时代缺乏的，众多年轻人吐槽对未来迷茫，却又不愿意去做一些看起来辛苦的手工类活，因为他们认为这种慢是一种消耗，在还没有完全沉淀的年龄里他们喜欢通过快去表达他们对世界的理解。

褚橙把褚时健的形象完全传达到年轻人的内心，一个带着草帽的沧桑又充满希望的老人，这样的拼搏精神还是会感染年轻人的，相比外在的年龄来说，能够传承的还是精神。褚时健的真诚和拼搏打动了年轻人，购买褚橙的行为背后其实是年轻人在为那份拼搏精神而买单。

音遇：分割社交新流量的黑马

一款出自抖音同团队的作品“音遇”，一上榜就霸占了App Store社交媒体下载第一的位置，这个估值2亿美元的社交茶农，让不少人觉得它似乎是下一个分割社交新流量的黑马。

音遇是强调及时互动的社区社交软件，目前版本呈现的就是劲歌抢唱和热歌接唱两种玩法，前者门槛比较低，一般都是大家熟悉的歌曲，后者更偏向热爱唱歌的比较会玩的年轻人。

在玩法上，音遇并不是首个K歌类产品，之前的全民K歌其实已经试水市场了，但是字节跳动团队总能把大家玩腻的创意重新用自己的逻辑做一遍，然后就“莫名其妙”火起来。

抖音是这样，音遇也是如此。

音遇因为是字节跳动这样有社交基因团队设计的产品，所以一出生就自带光环。

音遇解决了音乐只能听和唱的尴尬场景，相比传统K歌软件，音遇更强调社交，用户在唱的时候，其他用户可以在下面根据唱的情况评论，相互之间可能会因为相同的评价而聊起来。音遇用社交切入，让用户在社区产生更多的内容关联。

目前这款软件社交有两种模式，一种是用户和自己的朋友一起进入一个房间，一种是系统随机安排的房间，通过共同的兴趣标签找到合适的朋友。这是典型的社交逻辑设计，对系统匹配的与自己相近的人，很多用户是好奇的，现在越来越多的社交软件都是在利用用户的好奇心理，比如有款社交型软件Soul，就是通过好奇去让用户产生了社交连接。

相比个人唱法，音遇更强调组团一起K歌的玩法，系统先演绎一部分歌曲，然后玩家接着唱，能否通过就看系统的判定标准，接唱有按序和抢答两种模式。刚开始使用音遇的人，都会像抖音一样玩几个小时，因为一局12首歌曲，每一局15分钟，基于陌生人的尊重，大部分还是不会中途退出。

现在不少90后都不愿意去KTV唱歌，因为在90后看来去KTV更多的是去喝酒，所以你会看到很多像电影院那种独立的一个人唱歌的小包间，一个人在音遇唱歌也不用担心有别人抢麦，唱的很多都是副歌部分，也不用担心有唱不全歌曲的尴尬。

目前音遇这款软件最大的问题就是曲库不够完善。偏向于社区型社交的音遇，能够有更多强调社区个人功能的开发，对社区社交是有帮助。无论怎样，音遇遇到了一个社交流量红利时期，期待这款产品能够夺得社交流量的新阵地。

03 一个超级商圈就是一座城，商业生态下的场景流量重构

北京三里屯太古里，十年商圈潮流的风向标

如果非要给北京商圈划分一个时间点，那么就是2008年，在2008年之前北京最活跃商圈就是国贸和王府井。王府井以外地游客为主，国贸写字楼聚集，消费偏高，年轻人认为国贸引领时尚圈，愿意前往。2008年，三里屯太古里开业之后，年轻人更愿意聚集在这里。

三里屯太古里开业的口号很有意思“这里什么都是，这里什么都不是”，从口号可以感受到三里屯希望入驻品牌带来行业差异化的流量，希望展示拥有霸气中的温和。两年之后的口号“在三里屯Village，选择是一场奇遇”，这时已经开始有体验式消费的影子。而在2013年之后三里屯太古里口号又改为“Let’s Play Fashion一起潮玩”，可以看出，在这里不只是消费更多的是体验潮流。三次口号的改变，也看得出三里屯太古里慢慢从一个商圈变成了一个超级场景式的流量IP。

在场景化流量IP的沉淀中造势是必须的。从2016年开始，整个国内的消费在不断说升级，消费者对于消费品的品质关注达到从未有过的高度。在这样的形式下，三里屯太古里成了业内商圈流量收割

机，大量国际品牌的首家国内店选择入驻三里屯太古里。大陆首家科颜氏咖啡馆、喜茶华北首家黑金店等近20多家消费品牌在三里屯太古里落户，一批精品店、生活馆、设计师品牌店也相继出现在三里屯太古里。在大量精品品牌入驻后，零售消费品牌的店也相继落户三里屯太古里，Debrand、Popcorn、Philipp plein等潮牌都看好三里屯太古里的流量。当然也有不少年轻人喜欢的餐饮品牌，香港怀旧的九龙冰室通过怀旧与三里屯这样代表时代烙印的场景切合。

当然，三里屯太古里在招商当中也会匹配相关品牌的流量，把不符合条件品牌筛选出局，这是一个商圈迈向顶级场景式流量IP必须要经历的阶段。

三里屯太古里的建筑风格与北京任何一个商圈都不相同，整个南北分区的横向排列，不同的品牌坐落于高低不同的独栋建筑空间内，这样的购物环境，会让年轻人觉得非常贴合他们的内心。从开业到10年后的2018年，这里都是年轻人约会打卡的首选之地，社交媒体上的照片分享与线下的购物体验，形成了完整的闭环。不断打破空间带来的阻碍，三里屯太古里，用时间给了潮流一份不错的答卷。

在这里什么都是，因为有不断突破的年轻人；在这里什么都不是，因为三里屯太古里从未停止前进的脚步，无论你什么时候来，它都是年轻的。

上海K11绝处逢生的淮海路商圈一大奇迹

上海作为一座时尚的魔都，从不缺少流量大的商圈，恒隆百货、国金中心、新天地、南京路上海第一百货，这些被时间检验的商圈，它们一直都在，进出的只有不断更换的品牌。

互联网发展似乎带走了实体店大量的流量，原本需要花费大量周末时间逛街买东西，用电脑或手机10分钟内就能完成，很多用品直接线上下单只用等待配送，以前逛街提着一堆东西感觉快崩溃的场景，如今很少会出现。在线上流量不断爆发的今天，线下众多的行业和品牌被逼的无路可走，曾经加盟店很多的品牌也要面临大量关店的现状。导致品牌业绩下滑的不只是租金的不断上涨，更多的是消费结构调整了，而品牌没有相应调整。

传统购物中心卖货时代已经结束，K11购物中心顺应这种趋势，从艺术购物中心出发，寻求艺术与商业的平衡。可以毫不夸张地说，国内艺术购物中心K11是第一个。

K11选址在人气超高的淮海路，相信很多去过上海的游客都曾经逛过这条街，这里离小资氛围最浓厚的新天地相距不到半公里的路程，周围具备中高档消费的环境。

从K11购物中心内部装饰和细节处理可以感受到设计的用心，它让所有艺术品分布在不同的购物中心内部，这种分布并不是简单的摆放，是通过一定的空间设计，让艺术和商业完美结合。

在与艺术IP合作的时候，K11会平衡自己的流量与之是否匹配。很多商场的展览都是短暂性的，并没有后续流量，更别谈什么转化，很多用户参观完展览其实也没有看懂，更别谈消费了，K11强调艺术与商业融合，能够发挥生态环境商业空间的最大流量。

2018年1月，K11办了一场以粉色的鲜花为装置艺术的“粉色拯救世界”主题活动，活动当天增加会员近3万人。后期K11又不断打造粉色系列的周边商品，连洗手间都是粉色的，让众多年轻人现场打卡。别的商场都在提倡购物，而K11更多的是给予融合与体验，这样沉浸式体验带来的购物，相比于传统购物流量更大。现在上海K11购物中心每个月客流都可以达到100万。

K11的装置会不定期更换主题，通过不同的装置作品，让人觉得整个购物空间是流动和变化的。K11开设很多与消费者互动的区域，比如美术馆区域会有瑜伽课程体验，甜品工坊会推出的烘焙课沙龙等，让用户更大程度地参与进来，这样才能够让消费者停留在购物中心的时间更多，只有留下，才有可能产生消费。

K11还会不定期邀请不同领域的KOL、时尚博主、作家等来做创意分享，来参加分享活动很多都是附近上班的白领和年轻人，上海从不缺少中产，却缺少像K11这样精致的、懂他们的购物中心。

K11已经在广州落地，相信如此懂消费者的购物中心流量IP，会在不断升级的消费时代里越来越得到年轻人的青睐。

深圳万象天地，潮牌流量圈粉无数

随着众多年轻人消费目光的转移，商业中心能够承接的不再是简单的购物行为，而是需要提供更多场景化的体验让用户在这里发生连接。对于场景流量IP万象天地购物中心来说，在2018年一整年不断与各种经典的流量合作，引发了一次又一次的讨论和刷屏。

深圳万象天地坐落于深圳市南山区的高新科技园地铁口，紧邻深圳最长的深南大道，独特的位置、华润的口碑、周围的高新企业的人流和地铁带来的巨大人流，让万象天地成为深圳众多商场里毋庸置疑的新物种。

很多品牌入驻万象天地商业中心，UNIQLO优衣库全球概念店的开业，开启了万象天地商业中心品牌联名营销的模式，小米旗舰店、星巴克华南首家旗舰店、野兽派华南生活馆、诚品书店等相继落户万象天地。

万象天地的Mixc World With Art艺术计划，城市公共艺术文化与品牌跨界合作，在开业时邀请著名华裔艺术家倪传婧作为首位Mixc World With Art艺术计划合作艺术家，倪传婧为万象天地商业空间设计了三幅和万象、圣诞、迎春相关的作品，万象天地2018年成为全球唯一获得ADC设计银奖的商业空间。

对于商业空间的探索，万象天地一直没有停止，首个华南香奈儿口红展也是落地于此。大红色的视觉符号，吸引来众多女性粉丝前来打卡，一时间社交媒体诸如小红书、抖音等平台都在刷屏发香奈儿口红展，香奈儿通过自己多年在女性群体的口红引导消费，带动香奈儿其他周边产品的销售，对一个商业中心的流量沉淀作用也不可小觑。

在一周年店庆的时候，万象天地把国外两位波普艺术家邀请过来做商业视觉陈列和周年限量版手提袋的设计，当时在整个万象天地商业中心，到处都能看到波普元素的设计。

另外快闪形式，万象天地商业中心也是非常擅长，周年庆安装的快闪店，UPAR与BORA AKSU（BOSE联名潮品），所有的设计元素都是围绕着万象天地这个核心来展开推广和运营。

2018年，万象天地引进过《知乎不知道诊所》深圳站巡展，对于混知乎的年轻人来说，这是一次很好的线下连接的机会，也可以带着众多奇葩的问题和自我症状参展。《玛格南城市影像计划》深圳站巡展也是在万象天地，很多时候影像留给我们的不只是回忆，更多是另一空间的连接，时间、地点、情感上的连接。《永恒经典：奥黛丽·赫本展》落户万象天地，那个经典的帽子成了很多社交媒体刷屏的最大元素，白色成了那一时间的最流行的颜色。而万象天地的《平行世界de非分之想》艺术展，让每个人置身于想象的空间下，连接的是另外空间里的一个真实的自己。

在万象天地每一个人觉得自己离潮流很近，其实潮流就在每个人的身边从未离开。作为华南最有特色的商业空间案例范本，因为场景化带来的消费流量，深圳的万象天地商业中心越来越被年轻人推崇，年轻人打卡从不会忘记这里。

成都远洋太古里，超级流量重新定义年轻人的生活方式

从2014年起成都远洋太古里分阶段开业，它在这几年的变化，重新定义了成都这座城市年轻人的生活方式——估计在成都的年轻人心里这样说法一点也不为过。

艺术商业的定位成为成都远洋太古里与成都其他商圈最大的区别。Gucci亚太地区旗舰店落户成都远洋太古里，新Gucci旗舰店系西部地区最大的旗舰店。这家Gucci的外墙延续了美国纽约第五大道的Gucci外墙的涂鸦，艺术与商业的结合在这里充分体现。

一家商业中心如果没有一家书店，整个商圈似乎是少了灵魂，就如一家商圈没有电影院就会少很多人流，书店+电影院成为商圈的核心标配。

方所书店在成都远洋太古里的店是它的第一家分店，4000多平方米的面积，特色的设计，使方所成为去成都远洋太古里必须打卡拍照的门店。在大部分书店还在考虑如何生存的时候，方所用场景化的连

接方式，为前来参观的人提供众多空间的可能性，也许你只是来方所买书，也或者你对方所的文创品牌有兴趣，更甚至是你喜欢方所粗犷的异形切割的水泥柱子。

方所的创意和大胆，也为书店做了榜样。成都方所书店和X-mini联合一起做了一场Mini Clubman“新绅士聚会”，是方所开业以来首次品牌活动，整个书店一下子变成了酒吧和秀场，复古风和嬉皮精神，似乎让人一下子回到20世纪70年代。

成都远洋太古里MUJI无印良品世界旗舰店选择在2014年12月12日开业，当时参加开业的有深泽直人（MUJI产品设计总监）、原研哉（MUJI艺术总监）和杉本贵志（店铺室内设计总监），这也是MUJI高层设计团队首次海外集体亮相。成都远洋太古里的魅力可见一斑。

似乎苹果店开在哪里哪里就成为流量中心，成都第二家Apple Store选择在中心位置的远洋太古里，可见这里的消费能力。

成都远洋太古里在空间装置艺术上，致力于装置与大众亲近的空间。2014年圣诞节的微信表情包“阿狸”展就成了众多前来参观的消费者朋友圈刷屏的元素，在那个时候社交媒体到处都能看到成都的阿狸。

2018年过年期间，成都远洋太古里展示了54只鸡，鸡身上涂满了小孩的绘画作品，这些作品来自一群自闭症儿童。关于社会责任感和公益，成都远洋太古里从不推卸，希望通过这样的行动呼唤更多人去关注这些自闭症儿童。

2015年，成都远洋太古里项目获得“DFA亚洲最具影响力设计奖”大奖；2015年，成都远洋太古里大型综合零售项目荣获美国城市土地学会（简称ULI）颁发的“2015全球卓越奖”。众多知名品牌都入驻成都远洋太古里，慢慢地让成都远洋太古里从商业中心变成一个超级流量中心。

都说成都很慢很生活，可是对于品牌的打造成都远洋太古里一点都不慢，说它代表了近几年成都年轻人的消费变化，也一点都不夸张，它把很多人心中真实的成都还原出来。成都不只是赵雷歌曲里那样的慢，还有着适应万瞬变化的快。

商场新物种的出现，带来的是用户对于社交的焦虑，每一张照片在社交媒体的传播，都是极度需要被关注和被认可的世界的叠加。我相信年轻人逛街不单纯是逛街，喝着排队的奶茶、拍着被人关注的抖音都是年轻人对于这个世界最真实的思考。

04 奢侈品牌——好的设计比刻意讨好更受年轻人喜欢

Gucci是如何夺回年轻人的消费市场

众多奢侈品牌抱怨年轻人市场不好做，Prada销量持续下滑，Burberry转型不见起色……有人认为现在奢侈品市场不景气，然而Gucci却有不小的增长，为什么？原因很简单：Gucci的时髦不断吸纳着新客户，也打破了年轻人不爱奢侈品的怪圈。

年轻用户购买力一直很强，有些媒体说90后的年轻人不喜欢奢侈品，可是你看那些略微有点经济实力的90后哪一个不用奢侈品？年轻消费者的购买力从未下降，如果一个品牌的业绩在下滑，需要考虑的是产品是不是出了问题？产品是不是不适合消费者的审美？想用一套视觉设计卖很多年，这个逻辑在过去10年可能是可行的，在如今这样一个迅速变化的市场里，一套设计别说用10年，能用半年都算久的。

在大部分奢侈品牌还没有弄明白为什么年轻用户不来自己门店消费时，Gucci团队已经发现，对于年轻人的消费需要考虑品牌价值的输出，有可能之前的方向是不对的。品牌价值依托于产品而存在，因此产品的设计改革在整场品牌重塑中非常关键。在设计里，创意是最能够带动核心销售的，Gucci在更换创意总监后整个产品焕然一新。设计没有之前高冷、低调，取而代之是活泼、怪诞，这样的风格抓住了年轻人的心理，让年轻人更愿意为它买单。

与艺术家跨界合作让品牌年轻化，Gucci在跨界合作上也是费尽心思。Gucci艺术总监Alessandro Michele与音乐艺术家Trevor Andrew合作设计了Gucci Ghost小精灵系列。Trevor Andrew在纽约第五大道Gucci旗舰店的外墙上的涂鸦作品一下子让Gucci更贴近年轻人，同样的涂鸦作品也出现在成都Gucci远洋太古里亚太旗舰店的外墙上。潮人潮牌必然会为品牌注入个性化价值，让品牌更贴近年轻人。

当然，Gucci在得到年轻群体认同的同时，也会因为设计风格失去一些老顾客。在品牌发生群体消费转移，不用过于担心客户流失，如果一味担心失去老顾客，年轻群体永远不会进来。在奢侈品的运营上"取舍"心理非常重要，可惜其他奢侈品牌觉醒得比较晚。

如今来Gucci的消费者在购买新款的同时，也会去购买老款产品，可见消费者购买的并不是产品，而是产品背后的价值，他们会为新的Gucci传递的价值去买单，这也是Gucci能够夺得年轻人市场的最大原因。Gucci收获的不只是销售额的增长，而更重要的是收获了来自时尚业界及消费者，尤其是年轻消费群体对Gucci的关注和探讨。

Gucci的转变不只是设计，Gucci在不同城市的门店重新装修，装修后业绩相比之前要有40%的增长；Gucci线上一直与电商平台合作，也在建设自己的电商渠道，虽然这一点在我们看来是相对缓慢，要知道国内电商的发展速度远远快于国外；Gucci还做了很多引人注意的数字创意活动，通过年轻人喜爱和熟悉的新媒体，与年轻人建立深度而长期的联系。

Gucci熬过了最难熬的转折期，在整个全球奢侈品市场回暖的好时候，迎来了销售额猛增。如今Gucci仍不断在为自己的品牌注入新的元素，无论目前的风格能够持续多久，也或许一些消费者会转向其他品牌而不选择Gucci，但就从今天来看，Gucci是“成功”的。

对Gucci来说，在如今边际成本几乎为零的状态下，所有的规则都会被重新定义，消费者在引领着品牌不断接近市场的本质，而品牌能够最大连接消费者的还是设计和创意。

Tiffany & Co靠一枚回形针赢得了年轻人市场的重新回归

很多人知道Tiffany & Co（以下简称“Tiffany”）是因为奥黛丽·赫本的那个电影《蒂芙尼的早餐》。电影的开头拍得很美，在清晨5点的纽约第五大道上，主人公穿着小黑裙，手持纸杯咖啡，啃着牛角面包，在Tiffany橱窗前看珠宝。当然后来Tiffany真的开了一个蓝盒子咖啡馆，里面提供“蒂芙尼早餐”，也成了众多社交媒体里网红打卡圣地。

以往的珠宝产品更多是从稀缺性去传递价值，可是这一点已经不能触动年轻人的心。稀缺这个问题很多媒体已经讨论过，其实都是早期珠宝商为了销售带来的价值包装。从心理学来说，人们愿意为稀缺的那部分买单，因为稀缺就代表着小众非常规，这个背后其实就连接着更多不同世界的理解。

品牌只有不断深挖细分市场，才会有更大的机会通过差异化竞争，稳固原有的市场、占领新的市场。Tiffany为了重新赢得年轻人市场，产品的价格体系进行了大幅调整，通过几百元的Tiffany戒指把年轻流量重新拉回门店。

面对亚洲婚姻市场消费升级的趋势，Tiffany迎合日渐变化的珠宝消费市场，在亚洲首次推出个人定制婚戒服务，吸引年轻消费群体。Tiffany也非常重视中国市场，针对国内消费者订婚送戒指这一习俗进行了新的营销，之后亚洲地区增长达到28%。

Tiffany在吸引年轻人流量方面不遗余力，开始在社交媒体卖1万元一个的“回形针”，从外形看这个回形针和我们常见的普通回形针没什么区别。一时间众多网友发出疑问：难道Tiffany此款产品有什么特别的地方？这是Tiffany的行为艺术，还是故意高价吸引眼球的营销行为？

一个普通的物件，用一个超出心理价位的价格来标注，一定会成为年轻网友关注的焦点，大量年轻人以“贫穷限制了我的想象”为关键词，在朋友圈刷屏和转发各种有关Tiffany回形针的段子。虽然大部分是吐槽这个回形针让自己觉得一年的工资买不了几个回形针，但对于Tiffany品牌来说，用一枚回形针做到免费的流量传播，这一策略是成功的，这种低成本的营销其实就是差异化的逆反心理在推动。Tiffany靠不走寻常路的营销，重新赢得了年轻人的关注。

Tiffany也在不断通过类似Tiffany餐厅的视觉冲击，制造社交话题引导年轻人的讨论和传播。2018年Tiffany推出“花韵”系列，采取线上平台预售新品，线下门店晚两周发售，这是Tiffany首次试水线上快闪店，也是第一次通过线上平台发售新品。

Tiffany这样的产品，在线上预售是没有问题的，Apple公司的iPhone很多款新品都是线上官方预售，预售效果还是非常不错的，活动也传递了品牌价值。

Tiffany通过互联网在全球寻求年轻一代喜欢的代言人，这个活动是可以带来大量流量和话题，每一个关于Tiffany话题都可以形成UGC在社交媒体上二次讨论和传播。

Tiffany在不断研发新的产品以期更加适合当下的年轻群体，也在不断制造社交事件引起年轻人的关注，然后通过新款产品的合理价格，让年轻用户不再对Tiffany有距离感。Tiffany希望放下品牌的架子，重新让年轻消费者选择Tiffany，让它不只是一个中产买得起的珠宝品牌。

Fendi的小怪兽设计，让年轻人毫无保留

对于Fendi这个品牌，消费者一直很期待，或许希望有真实以外的惊喜感，因为Fendi能够让爆款成为经典，让流量持续发酵于社交媒体。在越来越多元化设计的呈现下，顺应品牌消费趋势去改变设计，Fendi越来越懂年轻人内心里的那个Fendi是什么样，在顺势而为上Fendi确实领先一步。

Fendi进入大众视野还是2009那款Peekaboo手袋，这款手袋依靠社交媒体的传播成了辨识度极高的爆款单品。10年后Fendi把Peekaboo手袋这样一个爆款的单品打造成为经典，让Peekaboo手袋成为手袋里的“奥黛丽·赫本”。

在一款有流量的经典款引导下，随后推出的小怪兽双肩包也成为众多年轻人争相购买的时尚单品。

Fendi的Peekaboo Project的项目，挑选当地极具影响力的名人，合作设计出独一无二的Peekaboo手袋，手袋拍卖所得款项也将捐给由参与设计的名人所指定的慈善机构。2017年在北京三里屯太古里的

Peekaboo Project作品展览，经典和流行在这里成了永恒的流量。

2017年Fendi设计出一款毛绒小怪物的配饰，一度成为时尚行业曝光率最高的单品，搞怪、有趣和高品质使得这款产品成为年轻人最爱炫耀的单品。相对于很多橱窗的传统的平衡设计美学来说，Fendi靠搞怪美学和奇葩设计，进入了年轻人的世界，开始懂得时下年轻人独特的审美和喜好。

Fendi不仅在产品上接近年轻人的审美，还借助一些年轻创意形式为品牌聚集流量，形成传播的热点。在香港、上海和伦敦的FF Reloaded音乐派对，Fendi通过与音乐结合的形式去连接年轻人喜欢的文化娱乐方式，唤起社交媒体时代年轻人对品牌的关注。

一个品牌的形式代言人很大程度上就表现出该品牌的群体效应。Fendi在2017年选择古力娜扎——目前Fendi历史上担任品牌大使的首位90后中国人作为中国区品牌大使，因为Fendi把更多的关注度聚集到90后群体上，连广告都是邀请年轻的网红超模来拍摄。

在品牌年轻化这件事情上，Fendi从未停止脚步。Fendi与韩国偶像东永裴合作，推出Young Bae系列，就是品牌年轻化的落地行动。

Fendi也经历从去LOGO化到如今的LOGO回归，视觉设计的回归和改变，其实也表露出消费者审美的变化，在经历2017年大量北欧和极简网红风格后，如今年轻人开始尝试大胆、个性化的服饰和配饰。2018年Fendi大火于社交媒体，还是得益于众多好莱坞明星穿着的Fendi双F衣服或者配品上大面积Fendi双F的印花单品，通过LOGO的回归全面进入时下年轻人的消费世界。一直以来，Fendi都在做相似的事情，罕见地在经典与年轻化之间实现了平衡。

Fendi放下奢侈品大牌的架子，用一种对等的心态去尝试了解目前年轻群体的想法和购买动机，从最早的品牌坐等消费者购买，到如令品牌不断制造流量话题和消费场景去吸引消费者关注。市场在引导品牌进行创新，这是一个商业发展的持续状态，相比以前的封闭的商业购买模式，如今开放式的流量商业生态，其实对于每一个品牌都是一次重生的机会。

年轻化的LV，与Supreme合作只是品牌跨界合作的开始

2018年，LV被社交媒体传播最广的是那张与街头文化品牌Supreme跨界合作的棺材的照片，让众多网友在社交媒体吐槽“看到这张照片觉得自己死不起”，虽然是一个玩笑的吐槽，可是却给LV品牌带来大波的流量。

利用社交媒体造势也许是成本最低的品牌传播渠道，LV曾经在社交媒体发布LV与Supreme联合的贴纸，随即删除，引起众多网友的好奇与猜测，调足了网友们的胃口。随后在大秀里把联名合作的“秘密”全部展示出来，立即引发了大量的关注和讨论。

LV与Supreme跨界合作本身就是一次流量对冲的吸引年轻消费者的方式，因为Supreme本身在潮流界沉淀大批年轻有态度的粉丝，因为肯定Supreme的品牌价值和态度，也就愿意相信Supreme与LV联名款的作品一定是有态度和懂他们的。年轻群体不再只追求稀缺，定制化和能够产生消费体验外的额外价值提升才是他们真正考虑的。

过去的奢侈品消费集中在30~45岁的中产阶层，而如今进入LV店面消费的以20多岁的年轻人为主，这些年轻人不愿意让那些有距离感不能表达自我的品牌进入他们的生活，他们愿意购买的是懂他们内心的产品。

对于LV年轻化一定会有不少人非议，不少人会觉得一个高高在上的奢侈品品牌，为了年轻人放低姿态刻意讨好年轻人将得不偿失，会丢失很多老顾客。其实大可不必有这样的担心，毕竟目前整体奢侈品消费数据表明，老顾客的持续购买力在减弱，而年轻人的购买力不断增强，一个品牌战略是要随着市场环境变化而变化的，如果一个战略走到底，只会拖垮和消耗掉这个品牌的流量。

如今LV不断为年轻人营造新的消费场景体验，逐渐在年轻人的圈子里产生了好的口碑影响。过去消费者购买产品信广告和媒体，如今消费者信朋友，作为LV这样的品牌，只能不断通过好的内容去拉近与年轻消费者之间的距离。

Gucci的高速发展，令LV焦虑。LV收购了Dior，想成为这一波奢侈品增长逆袭里的黑马，当然想实现这一点，LV除了不断去通过社交媒体影响年轻人的购买心理和行为，更多是推出好的创意设计。

奢侈品品牌已经从最开始的中年人消费转为年轻人消费，消费结构的转变带来奢侈品新物种的出现。它们其实一直都存在，只是因为消费市场改变带来另外一种形式的出现。相信看完这一节之后你们再去逛奢侈品店的时候，不再只是吐槽和抱怨，或许能够看到它们的另外一面。

05 品牌好不好玩年轻人说了算，引发社交的圈层流量时代

星巴克2019樱花杯遭遇疯抢——猫爪里的流量

2019年2月26日，星巴克在官方微博开始正式发售樱花系列杯子，其中一款“猫爪杯”并不是主推款，却意外走红。有的消费者为了能够买到这款“猫爪杯”竟然连夜在星巴克门口排队。在中国除了苹果新品发布会和买房有深夜排队的，已经很少能够见到深夜排队购物了，然而星巴克就创造了买一个杯子需要连夜排队的现象。“猫爪杯”刚一上市就被抢空，原价199元的杯子甚至被黄牛炒到了1000多元。“猫爪杯”到底有什么魔力？

“猫爪杯”背后是一堆爱宠人士，在中国约有几亿的爱宠人士，其中“撸猫”的约占据一半市场。“猫爪杯”在设计上做了处理，在倒入液体后猫爪才会显现，这样的设计除了引发消费者的好奇心外，还使产品与消费者产生了互动。可以说能够激发用户消费不是这个杯子，而是杯子设计的细节让消费者萌发了少女心。这在心理学上是“弱从效应”，就是在消费者面前，产品展现弱性和卖萌的一面，消费者会不去考虑产品本身的功效和价格，而产生冲动的消费行为。

一款杯子背后隐藏着巨大的社交流量，因为抖音和小红书等社交平台的相继曝光，让猫爪杯更抢手。抖音带货能力相信很多人都能够感受到，每一次流量都来得那么迅猛。很多自媒体开始写相关“猫爪杯”的文章，更多的消费者涌入附近的星巴克店铺咨询是否有“猫爪杯”，冲动型消费很容易被刷屏的网红产品带偏，没有自我决定权。然后有猫爪杯的消费者开始在朋友圈晒图，社交媒体的炫耀价值一直都存在，消费者内心从未填满过任何一款产品，因为不愿输在社交圈的焦虑想法，让一些消费者总希望购买到比别人超前的爆款网红产品，在社交圈炫耀以证明自己是一个追赶时尚的人。

因为有了社交媒体对于“猫爪杯”这款产品的流量加持后，在很多消费者内心就开始形成“拥有‘猫爪杯’你就是朋友圈的网红时尚人士”的想法，况且这个杯子用钱不一定能买到。原本普通的杯子属性因为紧俏，而变成了一个稀缺性的品种，消费者对于稀缺性产品是有极大的购买欲望的，因为稀缺商品购买可以给他们带来巨大的社交流量，这一点是当下很多年轻消费者内心需要表达的。

在卖杯子这件事情上星巴克好像每年都会干，不同节日推出不同的杯子，星巴克杯子已经慢慢成了星巴克咖啡文化里一个不可忽略的符号。从季节限定款杯到圣诞同款杯、从城市限定款杯到联名合作款杯等，有的时候甚至会莫名恍惚，星巴克到底是卖咖啡的还是卖杯子的？但无论是哪种杯子，因为有星巴克品牌形象的存在，其实就是代表着星巴克的文化，看似星巴克在国内没有做广告，其实每一次杯子的销售就是一次流量巨大的广告行为，而这一次“猫爪杯”就通过二次元的萌文化，狠狠击中年轻人深藏的“少女心”。

星巴克作为一家咖啡品牌，在周边产品销售却也卖出行业老大的姿态，流量在商业变现的层面是不可忽略的重要因素。

杜蕾斯：内容营销的老司机，热点传播看它就够了

夸张一点说，这几年因为有了杜蕾斯官方微博对热点的追踪，让一批用户还停留在微博上。品牌互动曝光是能够带动用户的认同感的，杜蕾斯作为避孕套品牌，一个强调价格的快消品，数字营销一直走在前面。在用户分享品牌的内容之前，一定是需要用户参与进来，简单分享是没有情感的，传递出去的只是一个广告或者链接，而不是一个有品牌价值的内容。

杜蕾斯在追热点的时候，每一次文案都是从用户角度去表达，所以才会出现用户看了之后觉得场景和自己有一定联系，这属于营销里面的情感营销，也是杜蕾斯最擅长的一种营销表达方式。因为杜蕾斯的文案更多的是具备社交性和互动性，在微博和朋友圈分享杜蕾斯的文案年轻人，他们希望自己和杜蕾斯一样有趣。

杜蕾斯在不追热点的时候，会在微博开设一些固定话题，这样的固定推送能够让粉丝形成时间固定的互动，稳固粉丝群体。微博话题很容易因为用户的内容产生UGC的传播，网易云音乐的音乐作品的评论也是利用这样的逻辑。

让喜欢杜蕾斯的用户猜测海报的用意也成为杜蕾斯数字营销的一个方向。杜蕾斯每一次隐晦式热点海报，带动的是用户的好奇心，画龙点睛的文案，挑衅中又有一丝诱惑，让用户自发形成猜测答案进行二次传播，这个才是杜蕾斯真正的用意。

杜蕾斯对于话题的留言大部分都会及时回复，这样会让粉丝觉得官方是带有温度的，与粉丝打成一片，圈层流量自然形成。因为杜蕾斯

文化走在一起的粉丝们，因为被官方留言回复觉得被重视的粉丝们，会更加积极参与杜蕾斯每一次的话题讨论，慢慢地参与话题讨论成为粉丝日常生活的一部分，而讨论相关话题的用户也因为相同标签而觉得彼此是一类人，身份认同感自然因为属性一致的标签而产生。

如果只是线上的互动和撩拨，用户对于品牌的好感还不够具体，场景化体验才能聚集最大流量。2015年7月，杜蕾斯做了一家"AIR空气套概念超市"快闪店，只有3个小时的快闪概念店，所有流量最后都集中到杜蕾斯产品本身，相比单纯摆摊卖货，用户更喜欢场景化营销方式，因为场景化营销参与的感受更好。

杜蕾斯在用一种隐晦的调侃的文案风格来吸引有近似认同感的用户群体，它表达出了用户自己不方便说出来的情绪和态度，用户从内心认同杜蕾斯，使得它的营销获得了成功。

如果一个品牌想像杜蕾斯一样得到传播和分享，其实只要做到无限放大用户的社交价值就可以，只有帮助用户放大他们的社交价值（谈资、表达情绪、态度、群体认同、助人、自我流量加强、膜拜），流量自然就会源源不断从用户层面产生。

可口可乐表达瓶的传播是情绪流量的爆发

社交媒体时代如果只是卖一个产品，你会发现非常难，因为在这个时代，产品慢慢成为一种媒介。如果能够在购买场景中，与用户产生一定持续互动，对于品牌传播是有很大帮助的，可口可乐就是以贴近年轻人生活的营销方式，吸引了年轻人的眼球。

可口可乐作为饮料行业的话题王，2013年因为"昵称瓶"火遍年轻人的朋友圈，2015年又因为“台词瓶”引发粉丝自动转发、评论和回复，可是2018年的“城市瓶”却并没有带动太多的流量分享，都是在瓶身上去表达想法，为什么会有这么大的差异？因为内容决定了用户是否分享，当然内容带动的情绪也是深层原因。

同样都是在可口可乐瓶身上做文章，昵称瓶火爆是因为通过标签身份化，里面更多的是让人听了觉得耳目一新的称呼，比如高富帅、喵星人，通过同类标签而把用户归属到不同群体，在同一场景下如果看到相同标签的人，内心自然会产生想连接或者共鸣的状态，昵称瓶背后隐藏着巨大的社交流量。

台词瓶都是用户喜欢的影视剧里的台词，将消费者熟知的台词印在瓶身上，和生活场景紧贴在一起，联合KOL和自媒体一起借助热点，把内容营销传递到用户那里。每个人都能在台词瓶中找到自己的专属回忆，台词瓶上的内容就成了情感沟通的媒介，让用户共鸣的自然会被分享和传播，有价值的内容就被用户分享出去形成更多的共鸣。

在视觉设计上，可口可乐品牌的背景色使用的是醒目的红色，与中国红一致，每一年除夕成了可口可乐融入中国人过年场景最好的方式，因为过年的时候中国红放哪里都没有违和感，视觉流量给予可口可乐一个很好的场景嫁接。到了夏天，冰镇的口感与大红色视觉冲击的矛盾，也没有让人却步，年轻人反而觉得格外合理。

在热点利用上，每一次热点出现都会有可口可乐官方微博的祝福，无论是周星驰生日，还是周杰伦升级当爸爸，祝福语只是可口可乐切入流量的一种方式，相比其他饮料品牌的低调，可口可乐愿意与年轻人打成一片。

在节点营销上，互联网时代节点成为营销最合理的玩法，节点也是用户购物的高峰时期。可口可乐曾经与电商平台合作，做了一个下午茶限时秒杀活动，切入写字楼茶歇的消费场景，联合电商平台，增加不少用户的购物转化。

在品牌多元化上，可口可乐为了让品牌文化多元化落地，还在重庆开了一家独立的潮牌店“Dress · 可口可乐”，店里面有可口可乐的周边产品，衣服、帽子等，产品品类虽多，但整体以可口可乐红白黑三色为基础色。为什么选择在重庆？因为重庆是嘻哈文化的流量聚集地，可口可乐的街头风与嘻哈文化融合是年轻一代喜欢的方式。

像可口可乐这样快消品公司，其实只是在做创意落地执行，很多的创意灵感都是来自用户层面，它并不需要担心内容来源。对于不同情感表达和节点营销，可口可乐更愿意去接近用户，去找寻他们愿意看到的内容和形式，然后表达出来，让用户产生共鸣继而又形成传播和讨论。

如果年轻的消费者喜欢上你的产品，他们就可能终生购买这个品牌，自可口可乐诞生起，就从未改变过营销重点“使产品年轻起来”。在如今社会化数字营销时代，面对不断变化的消费方式和年轻人挑剔的眼光和审美，可口可乐以不变应万变，有效地争夺年轻消费群体，在内容数字营销这条路上找出了适合自己的一个方向。如果把可口可乐过去的那些案例再重新看一遍，你会发现不一样的可口可乐。

Know Yourself存在于每一篇10万+背后的心理学流量IP

心理消费是消费升级的一种，随着大家物质生活的满足，精神消费的需求开始浮出水面，并逐渐增多。对于很多人来说，都会存在不同程度的心理困惑，只是大多数人还没有发展到心理疾病那么严重的状态。独生子女的孤独、父母代与代之间价值观的差异、阶层流动带来的不安定性、职场发展引发的方向思考等一系列生活中真实存在的问题，引发心理上的压力，却没有一个合适的方式解决和释放。

目前国内不少年轻人对自我价值认知是存在一定偏见的，迷茫和焦虑已经成了他们身上的新标签，这种情绪背后隐藏着更深层的心理问题。虽然90后和00后对心理学非常感兴趣，但他们不知道如何去探索自我，去挖掘内心深处那些问题的答案。

听午夜电台只能短暂缓解情绪，在朋友圈吐槽即使分组也只能解一时之情绪。Know Yourself（以下简称KY）从专业的心理科普自媒体起家，站在专业的角度对底层用户进行心理知识普及，没有贩卖焦虑，也没有标题党的噱头，单靠专业的心理学分析，连接社群提供泛心理服务，通过心理的表面现象去挖掘背后的原因，让用户更好去理解当下的自己。在非正常订阅号推送时间段，最后竟然成了心理学公众号最好的，收获了300多万粉丝，KY用学术方式成为心理学领域的一股清流。

Know Yourself这个品牌名就很有用户感，可见创始人心理学功底非常深厚，因为没有一个人是愿意先关心自己以外的事物，我们都是从自己出发才去更多关注别人，所以了解自己成为KY这个心理学品牌最核心的愿景。

KY的用户以一二线城市女性群体为主，创始人钱庄就是一名女性，北大毕业的高才生，不断通过心理学去探索什么是“好”，什么是“幸福”，什么是“真正的自己”，希望“帮每个人学会幸福生活”。KY关注和思考自我价值，希望年轻人在自己能力范围内去选择更好的生活，让自己过的对得起眼下的时光，而不是成为一个行尸走肉般的加班族，过没有品质的生活。引导年轻人对社会存在的阶层流动和孤独症状去反思和对比。

KY能够得到300多万粉丝的认可，是因为切中了这些人的心理。KY曾经发表了一篇《春节回家：如何重新理解你的家庭》的文章，文章非常贴合当下年轻人不愿意回家过年的矛盾心理，引导用户去重新认识自己的家庭，相比时下自媒体的“毒鸡汤”，用户更愿意接受这样平缓引导深入了解自己的文章；KY还在某年情人节后发过一篇《单身多年是一种什么样的感受？》的文章，通过单身的感悟，去疏导单身用户内心孤独的情绪，也重新认识自己和认识更多拥有相同情绪的陌生的他们。

通过订阅号垂直发展成为心理学的大号，KY算是为数不多的一个。KY风格独特、定位精准，通过大量的论据去说服用户理解自己、重新认知自己，而不是去让用户更加迷茫和困惑，从这一点上看，KY算是良心自媒体。未来，KY团队计划通过培训咨询师、研发课程内容等手段完成心理咨询产业链的全方位布局。

能够不断激发用户去产生社交，成了众多新物种追求的方向，用户的社交需求是消费不断升级的必然产物。或许有一些新物种你没有听过，可是我相信当你们看到一定会去关注和购买它们，因为你会觉得这本身就是一个不错的开始。

第六章　场景化的流量消费升级

01 体验为王，喜茶每一家店铺美到让你拍照根本停不下来

喜茶表面排队背后是巨大的流量消费

喜茶因为排队人众多，引来了无数的非议，有人说是品牌方请人排队制造的虚假流量，也有人说喜茶故意在做茶工序上放慢速度，这样可以让排队的人等待时间长一点，他们拿到手的喜茶更显珍贵。后来官方辟谣，这都是子虚乌有的，果然是品牌红是非多。

2012年，喜茶HEYTEA起源于广东江门一条名叫江边里的小巷，原名皇茶ROYALTEA，由于无法注册商标，故在2015年全面升级为注册品牌“喜茶HEYTEA”。在深圳海岸城的网红茶一条街时，还叫皇茶的喜茶就已经开始排队了。

很多网红品牌都会出现排队证明流量的现象，但是排队过长对用户情绪会有一定的影响，所以对于喜茶来说，排队也会过滤一些表面喜欢其实没有品牌耐心的用户，因为一个品牌做不到让所有人喜欢，通过排队的时间去筛选客户，也可能是喜茶的一种策略吧。

从表面看，购买喜茶排队是生意好或者说是产品受到了市场欢迎，消费者喜欢喜茶的口味，排队背后是一种类似于朝圣的消费仪式，

为了仪式感，消费者愿意为购买喜茶花费时间。至于排队等待的时间成本，对于消费者来说，因为排队证明喜茶是市场认可的，能够喝到市场认可的喜茶，发朋友圈的照片就证明，说明排队是值得的。

在营销方面，喜茶开始是将自己打造成社交货币。消费者拿到喜茶第一件事就是拍照发朋友圈，利用喜茶对标自己，塑造自己在朋友圈中的形象，似乎与喜茶产品合影成为年轻人社交身份的一种象征。深圳海岸城喜茶店那些边走边喝喜茶的年轻人，收到的都是周围年轻人羡慕的目光。

喜茶在社交分享价值上还是有一定优势的，分享的内容同时也就决定了分享者的价值认同是否一致，这就是为什么年轻人喜欢喝喜茶，因为社交时候也需要饮品解渴和打破社交的尴尬，喜茶就成为社交话题，可以从喜欢同一个口味的喜茶开启话题。

喜茶用现代设计手法来表现品牌的调性，赶上了消费者热捧国内品牌的时期。在过去不少年轻人崇洋媚外，外来的品牌永远比国内品牌好，那个时候国内品牌的机会并不大，所以那个时候饮品市场参差不齐，大部分都是街边夫妻小店模式。喜茶打破了街边奶茶小店的视觉形象，也打破了奶茶行业的规则和玩法，靠给客户提供不一样的场景化服务，让客户有不同的消费体验。

喜茶做年轻人的社交货币颜值是足够的。但是仅仅有颜值还是不够，如深圳万象天地喜茶PINK店，可能大家已经习惯了粉色网红风格，已经很少人在排队或者等待饮品的时候去拍照，所以如果只是把设计作为核心的品牌，存在着设计迭代速度比较快、成本更高的风险。

消费者愿意去购买喜茶的产品，是因为喜茶研究了这一代年轻人的需求，并最大限度满足他们，为传统茶找到了和年轻人的连接点。

喜茶弥补了传统茶口感的缺失，满足了年轻消费群体内心的品牌感，喜茶更多的是一种新生活方式的载体。

也许很多人认为喜茶就是一个网红现象，持续不了多久，可是从现实来看，喜茶的品牌流量还在继续，似乎开在哪里哪里就火。喜茶把一个芝士茶的爆款做成经典的流量，然后持续发酵，通过经典产品去把品牌传播出去。

喜茶品牌爆红背后的真实原因

喜茶走红的逻辑和很多服装时尚品牌快时尚是一样的，通过一款产品进入公众的视野，迅速走红，如果就这样结束了，衰退也会很快到来。喜茶通过高颜值的产品、酸甜分明的口感、健康的生活方式、空间的体验，让年轻的消费者找到了自我的表达方式，靠着这些也许喜茶能火很久。

研发是喜茶的核心竞争力，所以喜茶的很多店铺都会在墙壁上贴上“灵感之茶”的字眼。喜茶创始人聂云宸希望购买喜茶的消费者能够喝出恋爱的感觉，这个听起来比较抽象。聂云宸为了寻找到茶里那份恋爱的感觉，不断去尝试调配茶的口感层次，后来发现女孩子喜欢清淡而非浓烈的味道，茶饮的香气可以通过一些水果来表达。当然不是所有水果都能够释放出香气，水果的选择也很重要，喜茶利用一些水果的香气研制出了招牌茶——金凤茶王。

喜茶在做茶饮产品的时候打破传统茶饮品的标准，重新定义。喜茶跳出以原料命名的传统习惯，弱化产地对品牌的影响，取而代之的是一套独特的为每个茶饮取名字的方法体系，最后所有的茶名都落地到“喜茶”这个品牌上，这样才能够在消费者群体把品牌慢慢推广出去。比如金凤茶，世界上并没有这样的茶品种，金凤茶是由乌龙、金轩、绿茶等混合配制而成，体现了喜茶“希望定义金凤这款茶”。

喜茶团队一直追求产品的极致，对产品不断打磨。在喜茶进入饮品市场之前，有众多的不同品牌的茶饮店，如果说喜茶是他们的升级版有一点不着调，毕竟配方都不是一个方向，所以喜茶团队宁愿称自己的产品是茶饮市场里的年轻品牌。目前消费者可以喝到的喜茶产品，是经过喜茶团队打磨无数次、不断调整配方研制出来的，对于产品的调整喜茶是没有底线和标准，一切为用户考虑。

喜茶品牌的耐看和持久，从设计层面就被赋予了时间的意义。喜茶创始人聂云宸认为喜茶的LOGO应该简单一些，因为越简单越耐看，侧脸喝茶的表情刚好符合他内心的想法。

在喜茶门店设计上，每一家店都被赋予的不同主题，但内在精神是一样的。喜茶团队对于空间设计的投入，换来消费者对于不同空间下的喜茶的流连忘返。每一次喜茶店铺的设计就是一种重生，高级的品牌视觉不是简单的装修色彩，而是靠装修设计体现的内在的那份精神，这个精神永远不会改变。极简的美学使得在喜茶店喝茶，变成一件有趣的事情。

现在不少茶饮店都主打门店设计，相比10年前路边店的形象设计，现在的茶饮门店设计已经提升了很大的层次，可是相对于我国的面积和人口来说，这其实还是很小一部分。除了写字楼喜茶店相对比较简约的商务风格，商场内喜茶店主题还是非常分明，无论深圳的PINK店还是成都的黑金店，抑或是北京LAB概念店。

如今的年轻消费者越来越有思想，靠投机取巧是得不到持续的流量的。短暂爆红只是巧合，像喜茶这样持续爆红的流量源于它对于每一款新品的市场把握。喜茶拥有一套自己的评测方法，通过门店的新品海报去评测顾客对于新品购买意愿的强弱，通过消费者真实的购买行为来决定哪些才是通过市场检验过的热销款，最后这些产品才真正往市场推广，这样无论是试错成本还是顾客的预期，都会是比较良性的。

喜茶没有被媒体写过的营销之外的产品王道

从早期简陋的路边夫妻小店到如今的强调空间设计感的大面积的综合喜茶店，茶饮市场的变化带来不仅是配方改变和口感的层次加强，而是背后呈现出多方位的用户场景消费体验。喝杯奶茶背后带来的整个茶饮市场消费习惯的改变，不只是一点点。

喜茶从一开始是没有任何借鉴的，标准都是自己制定，因为当时传统饮品行业的标准低于喜茶太多，而且对茶饮理解也完全不是一个方向。喜茶在这样的市场下走出了自己的产品王道。

喜茶团队一直认为他们品牌的核心是产品而非营销，可是外界对喜茶一直有误解，认为喜茶是一家在营销上很有创意的公司，在每一座城市开新的喜茶店，都会安排人排队，这让创始人聂云宸哭笑不得，他说他根本没有精力去安排那么多城市的人去排队，成本也太高了吧。

在喜茶之前的传统茶饮行业，大部分的产品是粗糙的，口感好不好不是他们追求的，大量的调剂粉末和奶精混合出来的奶茶能好喝到哪里去？可是我们也喝了这么多年，不是我们不想喝更好喝的，只是饮品从业人员大部分不想改变，也可能是不愿意投入时间与金钱做研发。

喜茶看到了这个市场的问题，从产品出发，对传统饮品市场进行了改变。喜茶创始人聂云宸是乔布斯的粉丝，他非常推崇乔布斯的精神，所以在研究喜茶配方的时候，聂云宸相信只要在茶饮上用心，总有一天会找到你内心想要的那个味道，这个感觉就如同你开密码锁，转动每一个密码只为听到咔嚓一声时的会心一笑，因为就为了这一刻等待，一直在不断磨合。

产品创新其实是最难的，因为涉及供应链的改变，这个才是产品背后的核心，喜茶背后的茶饮供货商都是聂云宸亲自去筛选的，聂云宸不断寻找合适喜茶理念的优质茶叶供应商，优化原料品质。

在产品创新上，喜茶产品从芝士原创茶的理念切入市场，奶盖加芝士对于茶饮本身是一个很大的突破。喜茶一直在寻找新的突破产品，最近喜茶的产品开始往Mini方向走，突出了小瓶装茶饮，因为容量变小，很多顾客愿意多去尝试一种口味，所以很多人愿意买两瓶不同口味的产品，搭配上透明的袋子，高级感立马呈现出来。

产品变小而消费者欲望变大，因为是小瓶装的，如果喝完觉得口味适合自己，就会产生再喝的念想，这样一份念想就可能形成下一次去喜茶多买一杯的购买动力。对于喜茶产品这一次改变，没喝够才是消费者觉得好的产品逻辑，价格逻辑是打五折，可是口感加倍，对于产品销售提升是有帮助的。

喜茶一直用很慢的状态在铺垫品牌，没有过多的标题营销，也不会去做过多的引爆活动传播，喜茶在弱化营销。门店装修的冷淡风与喜茶内在的理念是一致的，他们认为整个体系最引起用户关注的是产品，其他都是陪衬，产品自带流量，当产品得到消费者认可的时候，营销就不需要过多考虑了，因为消费者形成的口碑传播已经是最大的营销了。

喜茶能火多久？这是全网消费者最关心的问题，没有之一

成为网红爆款产品可能只需要不到一个月的时间，可是后续能否火下去是需要经历不少考验的。喜茶一开始火起来，媒体上有大量分析喜茶品牌的文章，也有人在预测说喜茶火不了多久，只是一个网红，也许就是昙花一现，可是到目前为止这个网红喜茶似乎红得有点久，还在火下去。

喜茶能火多久其实是看消费者对他们产品的口感能够迷恋多久。从早期的很多人认为喝奶茶不健康到如今觉得喝喜茶还能带动减肥，无论从行业还是从用户层面，饮品全国性品牌目前还没有出现，当然从未来趋势看，喜茶的体量是有可能成为全国性品牌的，也许只是时间的问题。

喜茶的品质为它赢得了年轻人的市场。如今年轻人关注茶饮品质高于关注茶饮价格，所以喜茶可以通过优质的产品来捕获年轻消费者的“芳心”。喜茶独特的芝士原创茶会让年轻人热捧，其实就是年轻消费者对于产品精神的打CALL和支持，毕竟相比机器工业化复制，喜茶团队对于产品无数次打磨后，年轻人会为这个态度背后沉淀下的匠心所感动，每一杯喜茶其实都是认真的生活态度。

资本也在助推喜茶的发展，资金的支持能够让喜茶在自己想做的方向上继续努力而不用过多考虑资金的问题。喜茶被资本方认可，是因为资本方看到喜茶消费背后的消费升级，喜茶的火是消费升级的蔓延。

消费升级带来的是年轻人生活方式的改变，每一次消费升级都会

带来一波品牌的迭代，有的品牌从此一蹶不振，有的品牌异军突起，如果问你，你还能记得的喜茶之前的奶茶品牌还有几个？估计能想起来都不会超过五个，为什么？因为那些品牌的独特性不够。

门店越来越规模化呈现出喜茶品牌引领茶饮市场的决心。目前喜茶是没有任何加盟商，全部都是直营的店铺，加盟店其实会影响到喜茶品牌的形象，所以喜茶战略上没有加盟店是对的。

喜茶目前主要集中在一二线城市，而深圳作为一线奶茶品牌的试验田，对于新生事物接受度最广，是奶茶品牌重点战略区域，所以喜茶在深圳的布局也最多。

目前喜茶从数量上、规模上属于中等上游，还有一定的发展空间。喜茶的口味已经趋于稳定，品控稳定是一个茶饮品牌发展壮大的最核心的因素，喜茶现在需要考虑的是在高成本的投入下，如何在不断扩大直营门店数量的同时增加品牌利润，并不断把故事讲得更好。

未来五年茶饮市场一定会有巨大的变化，相信那个时候的喜茶会有更好的故事等着我们。

02 不知道诊所、网易云音乐——年轻人从不孤独

知乎“不知道诊所”：新消费场景下的好奇商业生态

近两年在北京、天津、上海和深圳四个城市巡回展出的线下知乎好奇商业模式——“不知道诊所”，刷爆年轻人的朋友圈。

“不知道诊所”是知乎连接用户的一种比较有趣的方式，因为线上知乎给用户的感觉是专业和严正，但用户有多元化的需求，希望用更轻松的方式更多地了解世界，所以才有“不知道诊所”这样的创意体验馆。“不知道诊所”把线上的知识通过有趣的形式转到线下，模拟医院的方式去解决年轻人的“不知道”，从而治愈他们的“好奇心”。参与者必须带着问题就诊，否则会被门口的导医给拒之门外。

线下“不知道诊所”和线上知乎获得答案的逻辑是一致的。线上搜索知乎，然后提出问题就会有相关的大V和网友给出一些合适的回答，而线下是进入各种奇葩的诊所房间进行挂号就诊，不同的病症选择不同的医生，总有一个“医生”适合你。

“不知道诊所”把不同行业的话题用医院科室的方式给予有意思的二次定义，把一些传统的知识点通过时下年轻人喜欢的方式重新包

装出来，这样就能够在线下场景去引爆线上的话题。

对于抓住年轻人的好奇心，“不知道诊所”很有方法。在“不知道诊所”里有一间“什么样的一句话能让你瞬间好心情”的房间，背景是一个个分割整齐的墙面格子，每个格子里藏着一句话，打开格子就能看到这句话。当你把所有格子打开之后，你会发现不同颜色下的话语，会让你心情意外好起来。

雀巢参与“不知道诊所”，为年轻人定制了专治“萌新养娃瑟瑟发抖症”，在一款“瑟瑟发抖B超机”面前，年轻女性可以感受一次做妈妈的感觉，不仅可以看到电脑屏幕中的胎儿影像而且可以生成B超单，对于憧憬当妈妈的年轻人，提前体验新生命带来的惊喜与幸福，这样的体验感满满都是点赞。

细节是一场活动区别于其他活动的依据，知乎的“不知道诊所”并不是简单地把之前活动完全复制在下一个城市，而是每一次都会有迭代和创新，升级之后的“不知道诊所”能够给参与的年轻人带来更多的惊喜，参与的年轻人得到的不是别人朋友圈照片的重复。

上海的“不知道诊所”针对北京之前的六大科室进行科室升级，时尚相关的话题内容被归属到“外科”，美食类话题内容归属到“口腔科”，摄影相关话题内容归属到“放射科”。在现场更有可以翻动的书，当你翻动书的时候，书页上的香气就会扑鼻而来，各种味道的，“香味书页”成了众多年轻人打卡的地方，让人切实感受了一下书香。

“不知道诊所”通过线下好奇模式，提升了用户的情感体验，增加了品牌的亲近感和用户黏性，也让年轻人逐渐形成线上知识付费的习惯。“不知道诊所”通过线下真实场景的引入，让年轻人在有趣的体验中不断降低自己的焦虑，因为场景真实所以用户的需求更加具体和清晰。

知乎“不知道诊所”社交化场景的流量世界

知乎在线上一直是靠优质内容获得用户认可，当然这些优质内容大多是用户生成而不是知乎提供的，巨量的优质内容沉淀给知乎赋予了持续进化的势能，而长期提供优质内容的用户不少也成为某个行业的大V，知乎通过头部流量去不断引导更多领域的不同流量。

知乎洞察了年轻群体的好奇心，“不知道诊所”线下场景式构建，表面都是一些奇奇怪怪的好玩的项目，实质上是为年轻人搭建了一个社交化场景的流量世界，在这个独特的空间里，年轻人的社交表达欲望被几何级别放大很多倍。

“不知道诊所”现场每一处设计的细节和差异化都会成为用户体验的一个最合理的流量入口，用户会因为这些细节而自发把体验和照片分享到社交媒体，“细节+用户”变成了一个相对固定的真实线下场景，相比线上的留言互动和虚拟ID，线下用户在品牌认同感和自我价值感上要更好。

这也是为什么很多品牌愿意在线下来做一些创意活动，比如旺旺，通过少女酒馆的方式让有少女心的年轻人“30分钟找回少女感”。现场有占卜、微醺少女酒、少女娃娃机等元素，整个体验更加丰富有趣，年轻人也会在店内主动拍照去炫耀，从而满足内心的社交欲望。

通过创意体验馆的方式让更多用户知道知乎品牌形象和属性，对于知乎后期商业变现是有帮助的。让活动成为什么样的状态，决定权在用户而不在创意方，“不知道诊所”的现场设计只是给用户提供场景陪伴，让用户在创意空间进行沉浸式体验，进而产生看到蓝色的医院场景就会联想到“不知道诊所”的线下活动，这样的场景连接，是用户自发印象带来的，而不是创意活动方的强行洗脑。

因为“不知道诊所”带来的品牌效应，活动后期知乎与亚朵酒店合作，在白色情人节推出了“有问题”酒店，酒店里藏有314个生活问题，等待客人发现、思考。这样不同场景的跨界合作，体验式场景的爆发，除了给用户带来身份的认同感，也可以通过住户的标签，让酒店合作品牌的流量因为用户的社交分享传播和爆发。

年轻人的世界里从来不缺少话题，品牌方需要考虑的是如何在一些节点通过内容引导话题进入年轻人的世界。“不知道诊所”就是通过“好奇心”与年轻人无缝对接。知乎提供的是线下场景，而年轻人用思想与知识连接，在“不知道诊所”每一个元素都会成为年轻人社交的重要标签，而因为好奇心带来的逻辑定义了知乎的知识，现场所有的场景都会因为每一个人的线上分享而成为动态化的品牌重构。而朋友圈等社交媒体的分享、点赞和留言，都会把更多的朋友卷入一个新的社交场景，用户拍摄和分享使得活动传播给了新的传播者，场景化下的流量沉淀因为讨论的内容而变得有意义。

杭州地铁里的那场网易云营销——音乐评论背后的孤独经济

2017年，网易云音乐在杭州地铁里的那场营销，带来了一次社交网络对孤独的讨论，一夜之间很多年轻人发出了感悟：或许你在听的那首歌曲，背后就连接着很多人孤独的生活。很明显，网易云音乐杭州地铁“看见音乐的力量”的音乐营销，激发出用户内心隐藏起来的那份孤单感，情感营销很大程度上从个人共鸣发展成群体共鸣。

网易云音乐从不依靠音乐形式去定性自身产品，希望用一场活动传递品牌价值。一群好友相聚在一起听音乐没有一个人听音乐时在情感方面与音乐的共鸣来得更为强烈，网易云音乐为了把音乐情感发酵到极致，选择相对封闭的地铁空间，因为如果一个人乘坐地铁一般都会选择听音乐或玩手机，空间的孤独感相比其他场景更加强烈。

当乘坐地铁的人看到网易云音乐用户真实的评论展现在自己熟悉的地铁场景下，看到文案里的评论就是在表达自己内心想表达的内容，不自觉的，内心就会激荡，更何况这些评论的人可能就在你的身边。这次活动无论是文案本身还是传播形式，都冲击着年轻人的内心，让上下班的年轻人看到泪眼模糊，引起年轻人的共鸣。

听音乐、看评论、写评论是很多网友在网易云音乐里表达情感的方式，就和看视频同时看弹幕、写弹幕一样，因为随时随地的吐槽，或许在音频、视频的另一头有一群认同你吐槽内容的年轻人。通过评论来获取社交认同，网易云音乐认同客户价值并推广出去的做法是聪明的，要知道在社交媒体时代，内容是最难的和最有价值的，而网易云音乐一直存在这些内容，只是缺少连接。

网易团队发现网易云音乐这样的社区环境沉淀了大量用户真实的音乐评论，用户自己写的文字比品牌方绞尽脑汁写的要真实和可信，能够被大量传播和转发的文案，一定是简单又直击内心的。写这些文字的人和看这些文字的人大都是每天挤地铁的普通人，阶层对等很容易引发内心的共鸣，当然也要拍照发朋友圈，因为朋友圈还有大量和他们一样的普通人会认同这些文字所表达的孤独感，转发再转发大量流量就此产生。

从音乐平台本身来说，除了音乐版权的不同之外，大部分音乐平台是没有差异的，可是使用音乐软件的用户群体却不一样，使用网易云音乐和使用QQ音乐的群体是不一致的，当然会有部分重合，音乐软件的差异化带来的是使用群体的圈层分化，传播效果也就有了差异。

网易云音乐用音乐洞察到千万颗易碎的孤独星球

替用户说话，对于品牌方来说是一个低成本运营方式，可是怎样才算替用户说话，这个是需要从用户层面去思考的。一个天天开车上班的人是很难理解挤地铁的上班族内心的情绪，或许昨天还经历了失恋或者被辞退的痛苦，可是依旧要面对现实，在地铁这样一个公共环境中，即使内心翻江倒海可是表面看起来也要像没事人一样，这其实就是很多年轻人内心孤独的真实写照。

2016年12月31日，网易在上海人民广场地铁站通道内，投放了由一万个可以撕掉的磁铁拼接成的巨幅广告，每个磁铁上印着一个二维码，用户可以扫描磁铁，寻找与自己相同的那一个。“越孤独越热闹”每个二维码背后传达的是信息也是这个时代最孤独的热闹，连接了用户内心最想说的孤独。

用户希望通过喜欢的事物寻找到情感表达的出口，无论线下KTV聚会还是线上音乐节目，能产生讨论的前提一定是用户对于这首歌曲有记忆或者有共同的经历，被演绎后在情感烘托下带来记忆燃点的场景化引爆。而网易云音乐就是一个情感的流量黑洞，可以容纳很多不同的情感表达，所以才在社区沉淀大量真实的评论。

在网易云音乐评论区下面的评论，每一条都可能是基于共同的价值认同产生的连接。一个社群型互联网产品，用户通过内容产生连接是一件好事，证明内容产生作用，因为不断有用户推出更多的评论，进而生成更好的内容，然后会把网易云音乐的品牌扩大。如果缺乏内容的其他品牌效仿网易云音乐，也在地铁弄一次类似的活动，会发现效果欠佳，根本原因就是没有内容的沉淀。

一场活动的流量延续才是最大的爆发。有了地铁合作经验，网易云音乐又和农夫山泉合作“音乐的力量”，这被视为农夫山泉新的品牌升级，全新的包装、不变的味道，对于购买农夫山泉水的用户来说，相比之前，瓶身增加二维码有了互动，扫描瓶身二维码可以跳转到相应的歌单去听歌，实现了整个体验的闭环。

饮水是口渴的场景，而听音乐是内心渴的状态，当众多快消品牌在抱怨市场不断下滑时，农夫山泉却通过不断创新合作得到20%的增长，瓶身AR的乐评沉浸式体验获得众多年轻用户的好感，每一条被感动的乐评都被用户分享到社交媒体上，AR与音乐结合农夫山泉和网易云音乐是第一次。

技术的创新只能震惊用户，不能让用户内心产生感动，能够感动都是情感的传递。技术创新加内容传递才有了农夫山泉 × 网易云音乐这次合作活动的效果，从生活场景往愿景场景过渡，从平凡到下一个平凡，选择往往就是代表用户内心的认同，在这份认同背后是强大的年轻群体对网易云音乐的好感，随之而来的众多合作都会不断增加品牌在场景化下的差异流量。

如果说地铁、农夫山泉的场景合作还不够有高度的话，那么网易云音乐与扬子江航空的音乐专机带来的则是更接近音乐的合作。因为飞机特殊的空间场景，这次合作的呈现方式是歌单，而网易云音乐本身的“歌单”也是比其他音乐软件更能够让用户高频使用。

相比其他场景，坐飞机时看网易云音乐提供的音乐歌单以及歌曲的乐评，会让用户在打发无聊时间的同时，为那些乐评背后的世界产生情感共鸣式的联想。歌单能够让一些好歌曲被用户发现，也会因为使用相同歌单带来更多价值认同感，用户在听歌之后的评论连接也是流量产生的入口。

从发现歌曲到认同歌曲，然后再评论歌曲，网易云音乐对于整个音乐形式的闭环让用户形成非常自然，用户对于歌单的创建也是主动的，歌单的传播对于创建者和网易云音乐都是双赢。如果说那些音乐评论是用户内心的孤独世界，那么歌单则是连接这些用户与孤独的最合适的纽带。歌单背后是用户想听好音乐的表达，而自己创建歌单被很多用户分享，本身对于社区自发流量的创建者来说是鼓励，也是价值认同。

在年轻人孤独这件事情上，知乎的“不知道诊所”和网易云音乐评论呈现出来的都是局部，里面文案和评论总有戳中你内心的。孤独本身不是一件可耻的事情，在不影响别人的世界里自己安好，本身也是自律的一种表现。

03 关于吃这件事的流量有多大？这两家公司说了算

亚洲吃面公司用设计带动网红流量

2018年，我参加了亚洲吃面公司在广州琶洲举办的“第一届吃喝玩乐大会”，见到了亚洲吃面公司（以下简称“亚面”）的创始人“痞子”，一个名字听起来社会气十足，可是却非常真诚温和在台上分享的中年男人。

我们知道不少网红餐饮品牌，诸如遇见小面、狮头卤味研究所、太二酸菜鱼、尖饺等，网红流量幕后推手就是亚面公司。亚面打破了很多餐饮业的规则，也打破了设计的平衡，个性十足的进食规矩和带有独特视觉风格的设计，让旗下品牌在彼此的品类得到众多年轻人的青睐。

曾经的“泡面小食堂”，作为在抖音等社交媒体走红的网红餐饮品牌，很快的没落，生命周期之短让很多人对网红餐饮品牌质疑。但亚面操盘的这些品牌周期比较长，靠的是强大的供应体系和具有市场前瞻的商业设计，在一些创意设计层面，亚面公司是有一套自己的心得。

亚面公司做的是年轻人的生意，如果不懂年轻人心里想什么，口号最后只会是口号而不能落地。在很多人追求大生意的时候，亚面公司却在垂直聚焦做“小”生意，因为他们知道“小”能带来的社交场景化流量爆发，也能形成巨大的市场。

亚面：设计是颜值，产品是流量

“不方便面馆”是亚面公司的一个餐饮品牌，从外观看“不方便面馆”像一个24小时的便利店，店内通过设计和光线，让“不方便面馆”有了温度。为了让一个人吃面也不孤独，在店内陈列了很多与设计相关的杂志，吃面的同时还可以免费看很多国外设计杂志，这样一种社区化场景空间，能让疲劳一天的年轻人在面馆里放松自己。年轻人或者第一天来到这个城市的异乡人，都可以把这里当成一个暂时歇脚的地方，内心能得到一份慰藉，空间的无限包容是这个品牌传递的价值。

吃泡面，一般人联想到的场景是火车和蜗居的单身公寓。“不方便面馆”打破传统餐饮的本质需求“吃”，把基本需求融合社交需求，通过设计层面去表达。来“不方便面馆”吃面的年轻人，会因为有相同的爱好，内心社交的需求被释放。在这样独特的场景，“吃面”一个原本基本的生存需求转变成一个高级的社交需求，并因为独特的设计获得更多的社交分享，而众多同龄人的点赞，更使得内心认同感被无限放大。

去“不方便面馆”吃面对于纠结症患者来说是一种解脱，因为只有三种面可供选择。来店里吃面的多数都是一到两个人，这也是“不方便面馆”创立的初衷，为一人食的场景提供更多的可能性。

“不方便面馆”完全是自助式服务，没有一个服务员，从端面到吃完收拾餐桌都是自助完成，提前让年轻人用一碗面体验了马云提倡的“无人化智能未来”。店内大部分是没有凳子的，看似无理不重视客户，却让前来体验的年轻用户觉得很有意思。站着吃面有助于消化；站立时间过长会带来身体的不适，用餐速度会比坐着更快，这些看似微小的细节都是亚面在创立“不方便面馆”时候的创意设计。

“不方便面馆”洞察了当下年轻人的心理，用方便面与年轻人认知进行连接，表面是不方便，其实被年轻人传递的是“方便不随便”的生活态度，通过一碗面给原本孤独的年轻生活增添一点乐趣和动力。

狮头牌卤味研究所，一家完全颠覆潮汕卤味品类的网红餐饮品牌。大部分人想到卤味，对接的场景还是街边小店和菜市场的档口铺，愿意分享和社交的年轻人看到这样的店铺是毫无拍照的欲望。而狮头卤味研究所用一种全新的方式呈现，店面设计从年轻人的喜好出发，采用日本居酒屋的设计风格，与传统卤味的餐饮风格形成强烈对比，颠覆大众对卤味店的定义。

狮头牌卤味研究所不仅再现传统卤味的口感，还开发适合年轻人口味的卤味，让年轻人像吃法餐一样吃卤味。店内贴心设计的“所长推荐最佳拍摄角度”，引发客户不断去拍照分享，让品牌活跃在社交媒体，也活跃在年轻人的生活里。

在亚面公司众多网红餐饮品牌中，太二酸菜鱼的知名度最高，在不少城市成为酸菜鱼品牌里的引导者。太二酸菜鱼的个性，让顾客是又爱又恨。差异化的用餐规格：四人以上用餐不予接待；奔放不羁的宣传口号：宇宙第二好吃的酸菜鱼；与众不同的营销差异：酸菜比鱼好吃。这些奇葩的颠覆传统的设计，却是亚面公司基于年轻人用餐社交设立的属于年轻人的独特的规则。太二酸菜鱼这些不羁条款，不断被年轻人拍照分享到朋友圈，一度成为社交媒体讨论的热点话题。在大部分餐饮追求入座率和到客率时，亚面公司却通过不寻常的规则去筛选客户，表面看太二酸菜鱼是在冒险实质却是他们对自己客户群体的了如指掌。

现在年轻人的逻辑是：东西好吃如果没有分享出去可能还是不好吃。从马斯洛需求层次理论来说，生理上的需要是第一层次的需求，而吃又是生理需要的中心。现在的年轻用户愿意分享他们认为值得推荐的美食，所以最好的广告不是广告而是产品。为了让产品不辜负顾客，太二酸菜鱼团队四次调整产品，在有限的条件下，把主要精力投入产品，因为他们知道产品才是核心中的核心。

有了网红的标签，还不能忽略背后品质的坚持，而转瞬即逝的一些网红品牌，都是红了之后没有守住自己的供应体系和产品品质把控。亚面公司创始人痞子也在一些活动不断分享设计美学与餐饮品牌流量的心得，分享是容易的，可是从接到品牌项目到后期品牌落地，中间所需要等待的不只是时间，还有品牌爆红之后的持续。

春丽吃饭公司：饭可以不吃，照一定要拍

北京工体西路的“春丽吃饭公司”开业不到数月，就成为北京城人气最旺的网红店之一。一开始很多网友以为这是一家主打游戏元素的网红餐饮品牌，结果却发现，这家餐饮店跟我们知道的《街头霸王》里的“春丽”没有任何关系。

乍一看“春丽吃饭公司”的设计，会有一种是不是装修上欠了装修公司钱的感觉。实质上从内到外创意设计，看似随意的不走心，却能从细节处感受到设计的真诚。年轻人更愿意接受留下槽点的装修，

因为有槽点让他们觉得是真实的、可接触的、可信任的。很少看到年轻人愿意主动在朋友圈晒那些精致奢侈的环境，为什么？因为他们清楚大部分人根本不可能长期在这样的环境中生活，不真实是社交传播的最大禁忌。

引发式的场景互动，前提是用户愿意沉浸在眼前的场景中，否则这些引发式设计最后只能成为一个简单的摆设。“春丽吃饭公司”有很多吸引用户拍照的设计细节，传统的餐饮门口放着“欢迎光临”的红地毯，“春丽吃饭公司”门口偏偏放着“不欢迎”的蓝色地毯，这个地毯成为众多来打卡的客人们拍照的一个元素。带有文案的背景板、复古风格的摆件、吐槽式的地毯，都成为打卡人照片里的一部分。融合中增加反差，越矛盾就是越合理。

在“春丽吃饭公司”这样一个有巨大流量的网红打卡圣地，如果只是吃饭可能在很多人看来就是一种浪费，等到位子后不拍照简直对不起自己排队的两个小时，在这里也有不吃饭就为了拍照的职业网红。年轻人内心是渴望稀缺性的场景，他们有强烈的社交需求，希望成为朋友圈时尚的引领者，而不是跟随者，这些人嗅觉比较灵敏能赶上网红流量的第一波。

有的时候大众会误解创始人的初衷，很多人说，“春丽吃饭公司”餐具比较复古文艺，可是创始人说因为便宜，看似真实的表达，可是年轻人却愿意理解为吐槽式的段子，为什么？因为整个场景形成了一个阶层的情绪，分享即获取。对于每个来“春丽吃饭公司”的客人来说，愿意主动拍照分享，是看到别人也这样做，分享的动机是基于朋友圈相同的价值观。加上明星和KOL的分享，让很多人参与进来，这样稳定的流量为整个场景做了信用背书，逐渐形成了品牌的口碑。

“春丽吃饭公司”在年轻人看来是社交场景的表达，能够知道和进入这样场景的人，从根本来说就是一类人。而“春丽吃饭公司”看似不正经的松散复古装修设计，却敏锐洞察到当下年轻人的小情绪，通过复古设计的连接，使年轻人有了共鸣，通过文案让年轻人知道分享的人是谁、而我又分享给谁看，一切社交场景都因为认知而把陌生关系打碎重构，形成了新的社交网络，点赞只是陌生社交开始的信号。

创始人无心插柳，“春丽吃饭公司”裂变新消费流量

“春丽吃饭公司”的创建是一个无心插柳的结果，原本开烤肉店后来因为环保问题更换方案，反向思维让创始人造就了一个网红店。

店内设计没有提前规划，都是比较随意的，却让人觉得特别有艺术感，为什么？因为我们周围存在太多看似合理的设计，所以这样矛盾的设计就是独特的。如今能够吸引年轻人的大多是独特的设计，独特性会引发出用户内心对于专一和个性的渴望和表达，拍照和分享只是众多想法里面的一种常见方式而已。

品牌故事会让品牌在创立初期形成第一波粉丝，因为大部分人会被故事感动，会为情感而买单。表面看“春丽吃饭公司”似乎没有感人的故事，反倒让人觉得都是各种凑合，实质上看似漫不经心背后，是不被看见的用心。

一般网红店开店前都需要预热，“春丽吃饭公司”却没有做任何推广，靠的是开业后的自然流量。因为强大的社交场景化设计，让众多来“春丽吃饭公司”用餐的人觉得拍照比吃饭意义更大，大量的朋友圈分享和社交平台的传播，不仅吸引了年轻人的围观，也让不少明星前来打卡，流量逐渐累积和裂变。

传统的餐饮提倡顾客就是上帝，很多餐饮都在学海底捞的服务，可是却永远不能成为第二个海底捞，因为服务好只是表面，海底捞背后的真正支撑是一个强大的餐饮品牌体系，这个是任何餐饮品牌无法学到的。“春丽吃饭公司”并没有把顾客当成上帝，创始人认为顾客习惯是会因商家而改变，商家可以培养出一些他们之前没有的习惯，这些和我们传统认识“顾客就是上帝”是不同的。

“春丽吃饭公司”的餐桌上用玻璃压着微博上粉丝们的评论，定期还会更新，这让前来吃饭的人感受到了这个店是一个有着巨大网络流量的品牌，因为不断更新就意味着热点从未褪去，大家的关注还在这里，而前来吃饭的人看到后会觉得自己也是一个关注热点的人，看似只是一个装饰，却能够为品牌沉淀流量。

“春丽吃饭公司”运用互联网思维，让用户避开价格敏感部分去关注吃饭之外的场景还有新消费下的社交互动，毕竟对于一些年轻人来说，光吃饭是一件无聊的事情，“春丽吃饭公司”正用一种颠覆方式去裂变新消费餐饮的年轻流量。

如今互联网场景下，也许一个听起来比较好玩的名字会带动公司成为网红，但仔细品味就会发现好玩名字背后永远有一种敏锐的洞察。吃饭原本不那么有趣的事情，因为有了年轻人的参与，变得好玩起来。如果去北京一定要去“春丽吃饭公司”。

年轻人吃饭本身并不追求本身的流量属性，毕竟不是物质匮乏的时代。年轻人吃饭已经从最开始的解决温饱转为彰显社交和个人审美表达的方式，这些网红餐饮品牌可能会激发你对于传统餐饮的重新理解和定义，可是千万不要只看到他们表面的设计，因为这些表面背后都是对年轻人真实需求的理解和表达。

04 淘宝造物节背后 中国制造的逆袭

淘宝“造物节”，造的是什么风

“双十一”的购物节是阿里巴巴造出来，淘宝造物节也是阿里造出来的，似乎造节成了阿里的基因。造物节是年轻人的线下狂欢，可是阿里为什么要造这么一个节？

淘宝造物节是阿里巴巴继“双十一”购物狂欢节之后针对年轻人推出的另一个节日。在淘宝造物节中，可以看到全球最顶尖的高科技，偶像网红“造音造艺”，精灵古怪的淘宝店，众多潮玩、运动等，年轻人群体还将以“部落”的形式展示自我。

淘宝的用户数据显示，90后用户比例高达1/3。对于大多数90后来说，价格不是他们主要考虑的因素，有个性的差异化产品会比较符合他们的购买方向。通过搜索进行购买的习惯并不适用当下的年轻人，为了不让这波年轻群体的流量丢失，所以淘宝才在线下造了一个“淘宝造物节”。

2016年淘宝造物节现场，淘宝呈现了AR和VR虚拟购物技术的未来趋势“Buy+计划”，而开幕式的全息投影下的“初音未来”吸引大量的年轻人。绿色双马尾少女“初音未来”是程序合成的二次元界的公主殿下，也许你不记得她是谁，但她的《甩葱歌》你肯定不会忘，毕竟节奏太魔性。一个虚拟IP通过社交媒体大火，懂与不懂之间的圈层文化形成，亚文化的大热让众多年轻人把一些情绪寄托在虚拟人物身上。

VR虚拟购物场景的展现，是这一次淘宝造物节的亮点。只需要智能手机、头盔和手柄就解决以前耗费体力的逛街购物，VR虚拟购物场景实现沉浸式购物体验。相比传统购物，虚拟购物从细节和真实感上更大刺激用户完成购物行为，之前的“剁手党”在以后虚拟购物时代估计得换成“剁眼党”。

年轻人来“淘宝造物节”不是买东西，更多是逛和消磨时间，娱乐性大于商业性，很多人都是边看边拍照边拍抖音，甚至有的网红还带来拍摄团队一路跟拍。

只图开心不谈转化，看似没有目的的活动却是格外懂得商业布局，毕竟淘宝拥有众多有流量的品牌，各品牌的粉丝冲着自己喜欢的品牌而来，当然也会顺便看看其他品牌的体验如何。

这场造物节就是给年轻人提供一个线下聚会的机会，来到现场的年轻人还是会为淘宝惊人的设计和落地能力惊讶。能够来到造物节现场的品牌，都是通过大数据和AI分析筛选出来的。每一届的参展卖家数都和《水浒传》中梁山好汉的人数相符合——108，可以看出淘宝团队还是继承了马云一贯的武侠风格。

线下的活动是为了把线上的品牌情感连接延续到线下，“淘宝造物节”不仅是线上流量的最大展示，更多的是通过原创科技去传递文化与艺术。相比之前电商节日现场的转化卖货，“淘宝造物节”心态很好，不谈转化，先让年轻人玩嗨，毕竟要想连接他们，首先得获得他们的认同。

淘宝从最开始的数据时代进入人工智能时代，品牌也在不断地迭代加速，不断的技术创新和内容更迭会让淘宝进入一个全新的高度，淘宝也许不再是简单的线上卖货商城。

淘宝造物节背后的年轻群体，他们的目光就是投票的最好方式

淘宝从最早期的卖货平台逐渐转成一个消费社区，“淘宝直播”是紧跟直播时代趋势的更新。阿里已经定了淘宝未来的三个战略方向：社区化、内容化和本地生活化。三个方向里有两个是面对90后的年轻群体，淘宝弄一个造物节，就是在内容上让这群年轻人对淘宝有一个新的认知，了解淘宝的乐趣，让这些年轻用户自发用他们组织的内容，去帮助淘宝完成新的传播和转化。

如今年轻人喜欢原创的东西，原创代表着个性、独特和唯一。早期逛淘宝只是买东西，如今逛淘宝还能学到知识，因为商品下面的每一条评论都是连着不同的用户，这些用户为商品发声，本身就是一种品牌传播行为。

相对于VR黑科技购物的兴趣，年轻人更愿意相信他们触摸到的那些真实存在的产品，就如同电子书如此发达，喜欢纸质书的人还是有很多，因为纸质图书的触感体验是电子书无法替代的。

淘宝慢慢成为一个消费流量入口。人货场的重新构建，让原本没有年轻流量的淘宝，借助“造物”的趋势，让更多有内容的卖家涌现出来，而不只是靠搜索引擎竞价排名。现场的参展品牌，大多是年轻人关注的，每一个品牌背后都是当下年轻人世界的连接，也许每一笔买

卖都是对原创品牌的最大支持。

线下体验的感受是线上无法实现的，这就为什么是线上如此发达而线下店铺依旧存在，只是线下品牌店铺从单纯卖货转换成场景化引导式消费，有一部分承担着客户体验的功能，没有体验的店铺，年轻人是不会轻易进入的，更别奢望他们消费。

在这个时代，年轻人有愿意分享的表达习惯。在“淘宝造物节”上聚集了大量的年轻人，他们凭着自己的喜好去逛，在哪里停留多哪里互动多，都会出显示年轻人的品牌偏好、购买习惯和未来的购买趋势，他们的目光就是投票的最好方式。

淘宝造物节背后的造物逻辑学你学到一招都不得了

2018年“淘宝造物节”团队预热效果做得很好，公布时间和地点后，却不告诉用户购票渠道在哪里，这一波操作吊足了用户的胃口。一票难求的“淘宝造物节”，因为票的稀缺性激发了年轻人想要参加的欲望，这样一种情绪发酵在他们的朋友圈，会引发更多同龄人想去现场的表达，这种表达被不断传播，进而聚集成强大的流量爆发。

之后淘宝官方看似贴心地给出门票的抢夺方式，其实就是运用饥饿营销来放大用户的好奇心，毕竟是一票难求的造物节门票，对于想参加的用户来说，还是非常愿意参与活动去获得门票的。

从淘宝公布的邀请函风格基本可以判定出整个“淘宝造物节”的视觉设计风格；通过大数据汇总，淘宝公布了十大神店，这些数据都是用户冒着剁手危险一单一单积累下来的真实数据；随之公布的108家神店，算是淘宝年轻流量的一个缩影，108家店背后故事的创意包装，才是淘宝把他们集合在一起的动力。

故事性的存在对于品牌来说是有意义的，一个品牌能不能在用户那里留存，除了产品本身的影响，还有被包装后传播出来的故事。故事的吸引在很大程度上决定了品牌能否在用户那里得到二次传播，108家店108个故事，一次“淘宝造物节”单纯这108个故事，就足够丰富你的人生了。

2018年造物节里传播最广的是那个6米长的《西湖造物图》。造IP一定要在体积上夸张，才能够给大众留下深刻印象。《西湖造物图》不仅体积夸张，内容也有创意，它不是一张简单的插画，在这幅画里，致敬了82个经典人物，有小时候被演坏的“新白娘子传奇”，有80后的童年记忆“灌篮高手”，也有永远的“C罗”，当然还有90后喜欢的表演比嘻哈好的“SKR先生”……

用经典作为传播素材，总能够在用户那里得到极大的共鸣。寻找类似记忆从传播角度来说，就是在挖掘记忆里那些可以分享的情感部分，运用经典人物，更容易在年轻群体里产生话题和有趣的内容，反差之后的萌元素让年轻人愿意分享和传播，因为这本身可以提高他们的社交价值。

“淘宝造物节”传递出中国越来越多的小众品牌拥有着比较强大的创造力，“淘宝造物节”其实就是在某个平凡的一天，因为想激发年轻人的购买力和创造力，用节日形式去连接他们平凡生活背后的认同和赞许。“淘宝造物节”背后是中国制造的创新和有创意的中国设计的复苏。

国内品牌的复苏赶上淘宝迎合消费升级，同时与年轻人彰显个性的内心需求表达是吻合的，国内品牌背后的融合元素有生活里的嘻哈和小众文化的兴起。

除了爱国情怀的部分，选择国内品牌也是因为很多品牌开始重视年轻人的实仓。从设计层面到产品，国内品牌都不比国外产品差，品牌认知的转移带来的消费行为的改变，这也是近几年国内品牌的流量红利期产生的原因。

品牌使用年轻人的语言，会很快被吸入圈层细化，不同的语言风格对准不同的群体，不是只有丧文化才能够进入年轻群体，萌、贱、二次元等都是可以连接年轻人世界的入口，只要利用其中任何一种，都不得了。

05 新场景消费下的年轻人的视听触感，从未停止过迭代更新的步伐

B站：年轻人放肆下不被看见的克制

说起视频网站，也许你最先想到的是腾讯视频或者爱奇艺，而90后、00后的答案大多应该是B站，B站成为年轻人之间的一种暗语。

哔哩哔哩（bilibili），是年轻人文化社区，2009年创建，被粉丝们亲切地称为“B站”。弹幕最开始就是从B站开始盛行，后来才运用到其他视频网站。

B站通过自定的准入规则，用文化的体系去筛选用户，如果连准入题目都答不上来，从B站的角度来说，你就没必要来混这个年轻人的社区。筛选合适的用户形成高精准定位的社区，从用户沉淀角度来说是合理和明智的。

B站特别重视用户体验，大量投放的弹幕内容就是会员最好的交流，这种独特的视频体验让基于互联网的弹幕能够超越时空限制，构建出一种奇妙的共时性的关系，形成一种虚拟的部落式的观影氛围，让B站成为极具互动分享和二次创造的文化社区。

B站目前的核心业务是游戏、广告和直播增值。游戏是B站的主

要营收方向，而动画因为版权价格和引进政策的制约，一直是B站发展当中的一个不小的隐患。

B站是一个年轻社区化创意输出的平台，因为独特的定位让其成为年轻人的后社区。在B站这样的社区，内容是表达形式，消费会因为好的内容输出而产生。对于一般视频网站，用户不需要产生太多内容，成为付费会员观看就好，B站的社区内容大多靠UP主（视频网站、论坛、FTP站点上传视频音频文件的人）自发产生。

用户自行产生内容从渠道传播来说，具有低成本、快速、信任感高等特点，所以UGC模式得到多个平台的青睐。与用户匹配的内容才能让用户留下，B站之前也因为内容低俗被整顿，目前看到的B站内容是经过多次迭代和筛选的、与用户匹配的。

B站的规模和品牌属性都是用户形成的调性。B站大量引进的动漫和番剧（日本连载动画电视剧），虽然从主流角度来说是比较小众，相比几大视频网站的量产效果，B站只能慢慢沉淀其文化价值，因为它是有流量壁垒，从进入门槛和输出门槛来看，都比其他视频网站更聚焦和专业。

"洛天依"作为B站虚拟红人，还曾与薛之谦在江苏卫视跨年晚会合作了一次，不知道电视观众感觉如何，B站的UP主们反正是很嗨。不断推出虚拟人物IP，对于B站是一个流量的集合，有了像初音未来这样的虚拟人物IP，才会带来大批关注和流量，才会有更多商业变现的可能性。

亚文化一直成为当下年轻人身份认同的一个象征，穿西装的不理解汉服小姐姐的世界，年轻人通过自己的亚文化来把同一圈子的共同爱好者归类在一起，形成相同的内容输出，流量方向一致，才能形成圈层效应。对于不理解的文化现象，大部分一开始就是排斥的态度，就像很多中年人强烈反对弹幕功能，年轻人一句就怼回去“不爱看可以不点，泡你的枸杞去”。

如果不是这些坚持自我和放飞自我的年轻人，根本不可能有B站的上市，在不理解二次元文化的人看来，这样一个网站竟然可以上市，资本真的是太随意了。资本从来都不随意，二次元已经成为年轻人世界里的一种文化方式，无论从B站的资源还是Cosplay的玩法，不理解年轻人文化最后都会被他们用白眼鄙视。不理解就不需要刻意去理解，理解在年轻人看来就是一种融合，B站用年轻人理解的方式放肆生长。

咸鱼一边卖二手一边玩社交，躺在鱼塘里的分享经济

2013年，闲鱼从淘宝二手获取了流量，进入了分享经济的领域，那个时候国内的分享经济还处在萌芽阶段，没有现在火过头的共享单车项目，那个时候的滴滴还处于烧钱培育市场的起步阶段。从闲置资源着手的闲鱼，有了阿里体系的加持，从品牌布局和市场占有率都已经有了很大优势。

闲鱼通过交换和转让二手资源，一方卖一方买打通了年轻人在二手物件上的信任流量，闲鱼从最早期的同城交易发展到了后来的全国交易。

每年“双十一”过后是闲鱼交易的高峰期，有了淘宝综合电商强大的品牌渗透，在淘宝剁手在闲鱼回血成了年轻人的商业逻辑。

品牌使用越多越会让用户在使用中寻求品牌，二手闲置立即想到闲鱼的品牌信任，是靠一系列的互动才建立的。相同时期的DAU闲

鱼是转转的8倍。而通过不收中介费租房方式让咸鱼进入年轻人的生活，讨巧又让年轻人觉得非常贴心。闲鱼介入年轻人租房市场，打破了之前租房市场不收取中介费的惯例。闲鱼平台解决了房源信息不对称，而且不收取中介费用，获得年轻租房客的大量好感。闲鱼懂年轻人的生活，这样的品牌形象在不断深入，自然就被年轻人记住。

闲鱼社区的用户也不都是来买卖二手商品的，也有一些只是来看商品评论和逛鱼塘的，在参与的同时期待在闲鱼平台寻求到一份躲避孤独的存在感和归属感。一般用户为社区带来内容的同时，希望得到其他用户的认可，这是内容可以继续创造和传播的一个最快途径，闲鱼就是利用了这一途径发展起来。

鱼塘是闲鱼打开社交和内容沉淀重要的一个版块，从早期的淘宝跳蚤转型为闲鱼，不断通过社交需求催生出强大的内容。鱼塘的社交模式和贴吧类似，降低用户的认知预期，可以提高用户进入鱼塘的适应性；通过问答模块可以解决没有客服的缺失，而且购买过产品的用户的回答直接对接相关内容，从信任感和内容真实度来说都是加粉，这样一个完整的闭环使得闲鱼用户留存。

通过不断强调和优化鱼塘的功能后，闲鱼的交易功能弱化，社交功能放大，作为一个对生活负责任的年轻人来说，每周逛下闲鱼那是必须要做的事情。“咸鱼翻身”就是一个随时抓住机会的年轻心态，“节后鱼生”则是当下年轻人吐槽“双十一”控制不了剁手后的自嘲心态。

程一电台：40亿播放量背后的90后社交流量

电台这样一种媒体在互联网时代场景似乎越来越小，周围朋友还在听电台也就只剩下一些资深文青，在深夜里依靠想象的声音去安慰自己那颗漂泊不定的心。传统电台在流量时代不断流失最核心的用户，而程一电台却在这样的背景下创造了40亿的播放量。

程一电台主打的是女性群体，以睡前场景为主。在忙碌一天后最为疲累、最需要安慰的时刻，程一电台用震撼心灵的声音，与每个网络前陌生的那个她，通过不同的主题进行了连接。听电台的内心多半处在亚健康状态，渴望被关注和想倾诉。

程一电台从网络布局入手，依靠优质的内容、对声音的纯粹追求和面具背后的无限想象空间，成为众多网络电台里夜晚场景下的一个流量品牌。程一借助面具的独特性，让用户纯粹的听，这种纯粹和想象，反而可以吸引更多听众，并且很容易就塑造出了一个戴面具的鲜活的IP形象。这个IP形象让用户一看就印象深刻，继而会形成大量的话题和传播，“一个戴着面具的男人，用温暖的声音陪伴了我们重要时刻的成长”，这样的感触相信在很多听过程一分享的年轻人心里，应该不止一次出现。

程一通过高校巡回演讲活动，下沉市场进行深度布局，增加电台的品牌曝光，扩大了电台的影响力。年轻的女性会经历人生几个重要阶段，入学适应到大学生活、毕业到找工作、恋爱结婚到成为妈妈，这些不同时期，程一电台陪伴她们一路走过和见证她们的成长，与此同时电台也用低成本获得高黏度的年轻用户群体，尤其是女性用户群体。

程一电台作为情感类节目，靠声音背后的一期期节目、节目下大量的互动留言、下沉演讲与大量听众连接，帮助更多感情上有困惑、生活中有迷茫、想要获得帮助的听众。不给毒鸡汤不去撩拨负能量，程一电台慢慢成为温暖治愈系节目，也成了陪伴听众成长的“好闺蜜”。

引导用户倾诉自己的故事，通过故事产生更多的社区内容，音频社交属性的程一电台在拥有1600万的用户之后，沿着情感节目的逻辑不断衍生出咨询服务和社交类产品。相比传统电台情感节目的一对一倾诉，程一电台的情感流量有打开后的众多延续，让用户成为品牌的受众也成为品牌的推广人，留住用户、产生价值、形成内容，构成了程一电台的运营模式。

在音频类情感赛道，程一电台的电商生态布局已经不再是传统电台的单纯情感诉求的形式，声音是他们连接用户的最佳方式，而被用户记住的不只是程一那温暖富有磁性的声音，还有那个面具背后另外一种方式的陪伴。

谁来买单社交软件流量下90后的焦虑

00后说不需要社交软件，90后说时下的社交软件太老套，80后觉得社交软件目的性太强，70后产生了社交焦虑，60后手机有个微信已经是天大的事情，年龄原本不是问题，可是在社交软件面前，却成了最大的问题。

QQ的诞生预示着中国社交时代的开启，后来短暂火热的MSN，口碑一直不好却依然上市的陌陌，放下颜值真实社交的Soul……对于年轻人来说，使用社交软件考虑的从来都不是效率高低的问题，他们关注的是社交软件给予他们一个什么样的场景。

瞬间消失的“子弹短信”，主打新场景社交“即刻”软件，噱头流量大于实质内容，无聊的产品很难撬动年轻人使用它，所以解决痛点比华而不实来得要实际。

“子弹短信”因为两个流量IP——罗永浩和王思聪的存在所以社交媒体传播比较火热，“王思聪投资了罗永浩”，这个段子永远比产品精彩。罗永浩，一个理想主义的中年人，靠着自身的流量引导“子弹短信”，产品永远是流量的根基。“子弹短信”看似做了很多功能的升级，可是从实质上并没有去帮助年轻人解决核心的社交价值问题，所以这样的即时通信软件最后的不了了之也很容易理解。

Soul之所以被年轻人喜欢，因为与众多社交软件有所区别，没有头像没有声音，完全靠想象去认识对方，这种社交逻辑和早期QQ类似，想象依然是目前社交软件最大的一个流量方向。

从市场的下载量和用户增长速度来看，Soul是一个切中用户痛点的社交软件，它让一些目的不纯的人在软件得不到发挥，因为在大多数人认知里，颜值社交是肤浅社交，而Soul是深度黏合的社交，让如今的社交有了一个新的方向。

相比大部分靠颜值的社交软件，Soul靠心灵交友，复古式的互联网思维方式，在年轻人圈子内一下就传播起来，毕竟在一个看脸的时代，能够关注灵魂的太少，Soul切合了用户的社交需求心理“没有一个人愿意承认自己是一个肤浅的人”。

Soul通过测试算法来匹配用户，有了相同内容和标签后的陌生人连接。Soul的用户女性多于男性，女性还是渴望倾诉和交谈，在深度社交中，女性群体明显更为合适。很多女性在颜值社交中内心是充满不安全感的。因为没有外在形象，Soul更像用户之间是一个感情树洞的连接，一个陌生人可能会在某一个夜晚和另外一个陌生人说出自己的故事，抒发情绪的同时也能够得到一些共鸣和安慰，不但填补了用户的碎片化时间，也满足了用户的好奇心。

只有好的内容才能得到更多的关注，Soul把头部流量下沉到每一个用户身上，削弱了一切可能影响内容的不公平的因素，比如颜值、比如大V等，用户表现欲背后是被发现和被支持的肯定，这是陌生社交场景下最公平的流量交换，其实也是价值观念的分享。

无论哪种社交软件，核心都是要满足用户的某种需求。社交软件的频繁更新迭代，也证明这些软件背后的90后极大的焦虑，这种焦虑并不是某一款社交软件可以解决的。当然90后也不依靠任何一款社交软件来帮助他们完成社交，或许在他们看来社交软件只是社交的辅助方式而已。

在节奏如此快的今天，年轻人从未停止自己尝试的步伐，每一个被选择的新物种背后，除了内心的认可和喜欢，价值的对等与尊重也是年轻人的筛选标准。如果你也是年轻品牌的创业者，不妨对看看这些已经获得年轻人青睐的新物种吧，或许有一天你的品牌也可以成为它们中的一员。

第七章　自媒体时代下的所有行业被重新定义

01 国内女性社群繁荣下的独立经济和不断下沉的励志流量

千万少女们的成就梦，从来都不是痴人说梦

如果说2018年什么事情让万千少女牵挂，马佳佳、王辣辣等人创立的“少女首富天团”绝对是其中之一。她们看到了自媒体时代消费升级下女性社群成长的流量红利，她们希望成就一群有着共同理想的女性，同时也成就少女首富天团。“少女首富天团”这个名字确实很符合马佳佳做事风格，霸气不走寻常路。

重塑用户的价值需要头部流量的引导。混合着网红和微商气息的少女首富天团，从一进入大众视野就带动着大波的流量。也许在大多数人的认知里，成功女性应该是杨澜那样的，而少女首富天团颠覆传统商业里女性群体的形象，在时代的众多可能性里成功女性有无限种可能，团队创始人希望天团每个人就是大佬而不是追随大佬的人。

少女首富天团在“2050云栖大会”上，分享她们关于做这个女性社群的初心和奇葩的创业故事。做一个全球影响力很大的女性社群这样重要的决定，一般人一定会做很多调研，不断开会讨论，可是王

辣辣和马佳佳一场足浴的时间就做了决定，看似随意，实则是背后大量思考的一个落地而已。

用户接受品牌是因为品牌价值本身能够提升用户的社交属性，这一点在少女首富天团身上有很好的体现。她们不是炫富，也不是一味地鸡汤洗脑，而是通过每一个真实的普通人的案例分享，让大家知道一个普通女性是可以慢慢成长为被人欣赏的成功女性，而这个过程是可学习、可借鉴、可连接的。

每一个分享的女性IP形象都足够真实，有的创业产品甚至让明星膜拜。创业者只要能够得到头部流量产生的影响力就足够让用户信服，不需要把精力分散在周边流量上，那些不产生影响的流量在创业过程中可以忽略。开放式的分享让用户觉得与分享者之间是平等的，这样更有助于用户打开心扉去连接分享者，通过学习分享者的经验去为下一份成功找到合适的方向。

围绕女性成功的分享更多的是情感部分。如今，越来越多的女性迷失了方向、遇到了职业发展瓶颈、创业不断受到打击，甚至不清楚如此努力最后为了什么。摆脱当下的困境对于众多女性来说是成长的第一步，若想成为赛道的引领者就可能需要更多的努力，跨界、犀利的观点、独特方式获取到一批关注流量和用户沉淀流量。

重新塑造女性的形象，让每一个人成为独立的自己而不是别人的简单复制。少女首富天团的出现是希望告诉那些独孤奋战的独立女性，成功不一定需要两个人，一个人一样可以创业成功，不要因为婚姻而降低自己的价值。能够搭建出女性社群的不是品牌而是一个个真实的普通女性，一个个永远有着少女心、愿意努力的女性。

“趁早”社群榜样下的女性激励新体系

王潇在没有创立“趁早”品牌之前是一位畅销书作家，在网络媒体也有一定知名度。在很多人看来王潇的创业属于水到渠成，新媒体专业研究生、做公关公司，这两个是当下比较容易形成流量的方向，王潇都占据了，个人品牌的强大流量为她做“趁早”社群奠定了基础。

在所有流量传播中，价值是最高级别的传播，而在价值传播形式里，书是被用户最认可的一种价值传播方式，读书可以提高自我价值，所以经常看到朋友圈有人秀读书的照片，这就是在彰显自我价值。作家个人IP的输出是十分必要的，写书在用户看来是一个体系价值的输出，相比自媒体的文章输出，书有了出版社的加持和背书，更能让用户信任。畅销书作家的身份给王潇个人带来了一定的价值传播和影响力沉淀。

一起读书和跑步健身的“趁早”社群，靠着王潇自身的流量为社群做了第一波用户积淀。虽然王潇是一个喜欢健身的人，但她认为好的社群只靠兴趣去连接，那样用处不大而且是不长久的，好的社群要靠灵魂去黏结，而且社群必须沉淀厚实的价值内容，才能够让社群持久存在。王潇建立的社群模型是一个金字塔形状，她自己作为灵魂人物在最上面，但是每个层级都会有自己的榜样。

王潇在线上和优酷合作相关健身节目，右线下还通过健身活动来不断扩大“趁早”品牌的影响力。线上的健身社群和线下的健身活动相互连接，用好的内容沉淀形成了一个更大的平行的健身生态。

王潇设计的《趁早效率手册》成为众多女性会员购买的爆款产

品，之后推出的健身服饰也成为社群会员喜欢的产品，两类产品爆火背后，是“趁早”品牌影响下的社群会员转化的超强购买力。

社群会员的高度黏合带来的是产品的销售火爆，内容生态的良好布局带来的是巨大的商业效应。王潇通过自我KOL的价值塑造，不断挖掘“趁早”女性社群每一个流量IP的价值。王潇把马甲线塑造成一个自律女性的生活方式，希望每一个“趁早”的会员活成朋友圈里别人羡慕的模样。

在王潇看来，社群成立早期不应该考虑变现的问题，当内容沉淀和用户数量达到一定量的时候，变现就自然而然实现了。独特性很强的女性社群很难通过标准化产品实现利润最大化，但贴心的服务设计会让女性产生更大的连接。

一个好的社群是自动运转，不需要去操心很多。“趁早”社群让王潇很轻松也很放心，榜样力量贯穿整个社群，而每一个人都希望成为别人的榜样，这样的心理会激发出更强的执行力。

行动派：国内百万青年学习的榜样社群

一个社群品牌要想被用户所记住，首先是社群所做的事能够感动用户，用户能从社群线下活动的每一个细节感受到社群品牌方的用心。而这一些在行动派的每一次线下分享课和主题课程中都会有体现。

行动派是一个以80后、90后为主体的青年学习型社群，“学习、行动、分享”是行动派的文化理念，而大家耳熟能详的“做行动派，成为更好的自己”是行动派的口号。

行动派的LOGO采用明黄色底色搭配黑色汉字，一眼看去冲击感很强。明黄色+黑色的设计很多运用在国外的一些摇滚唱片中，代表着乐观和坚强，这性格也很符合行动派社群创始人琦琦，一个微笑中透露着力量的女孩子，用行动去改变每一个喜欢行动派的人，让他们慢慢成为更好的自己。

行动派社群有一套独特的运营体系。让社群的群员自主制定目标并写下实现目标的计划和步骤，然后社群给那些实现目标的群员奖励。线上有近百个活动群的互动，公众号虽然不日更却逐渐积累有质量的文章，线上不定期的直播分享、线下国内众多高校的联盟，全球联盟伙伴100多场活动，全国近5000志愿者小伙伴，线上与线下的整体流量互动给行动派社群带来的是用户数量增长、品牌效应的增强、圈层文化的互动、社群IP的涌现。行动派社群鼓励每一个群友寻找更好的自己，这样富有使命感的社群，会吸引更多认同这样价值观的人连接进来。

行动派的社群分享会在不同的城市举行，每一次分享会都是品牌连接社群会员的机会。行动派会对每一次分享会现场进行创意设计、精心布置，这也显示了行动派对社群会员的重视。在最好的场景设计中听着行动派梦想和行动的分享，让会员觉得一切付出都是值得的，因为他们是为自己付出，是为了成为更好的自己。

梦想清单和早晚打卡是行动派社群的两大核心互动秘诀。梦想清单是社群成员为自己连接未来的一种仪式感的行为，而早晚打卡是社群互相激励的方式，这些慢慢就沉淀形成了社群的文化，通过文化去感染社群中的每一个人，感召他们内心的那份使命感。也许有一天每个人都会因为行动派社群而觉得无比幸福，这样文化价值引导在很多企业和品牌公司都会存在。

行动派社群已经研发出诸如Super Writer国际商业写作课、Photo

Reading超速阅读课等课程，成为众多年轻人学习的典范社群，相信在未来，行动派社群会让更多人在社群里寻找到更优秀的自己。开放式的分享与固定场景化下的连接，用户获取的不只是流量带来的红利，还有价值认同的输出和反馈。

“灵魂有香气的女子”成长比成功要重要

“灵魂有香气的女子”从社群运营、知识付费、图书出版到内容提供在多版块进行矩阵布局，所有的业务都是围绕中产女性的生活需求，在她看来，成长比成功更为重要。

“灵魂有香气的女子”社群名字和同名的书都是出自一个人之手，那就是百万级畅销书作者李筱懿，她还运营着“灵魂有香气的女子”同名的订阅号，这个订阅号拥有近400万女性用户，同时拥有70多个社群。

在社群的运营上，“灵魂有香气的女子”通过推出城市合伙人制度和社群IP，由每个城市的相关合伙人来负责该城市的社群运营，而每个社群推出的IP不定期在社群分享相关的知识，形成不断互动的正向流量。通过不断沉淀的线下活动，为社群形成KOL，社群流量的二次爆发就靠这些普通人变成KOL的分享，因为身边人成功的案例总会让社群的人更加信服，普通人的改变造成的冲击更大。

从内容输出来说，“灵魂有香气的女子”通过内容电商和社群矩阵完全打通了中产知识女性的需求闭环，中产知识女性群体确定了整个品牌的调性。

“灵魂有香气的女子”目前的估值达到3亿，专属电台的用户有25万，从文字内容到音频内容，所有女性感情的流量入口，它都想占据。

从内容输出到社群的沉淀再到图书出版，“灵魂有香气的女子”在布局IP开发上确实眼光独到。图书相关出版也是和女性相关，灵魂有香气的女子的受众群体都是有自己的事业、有孩子和家庭、有学习和自我成长需求，能够平衡事业与家庭的高知中青年女性群体，这个群体也是最有消费能力的群体。

好的社群会通过自己创设的机制去筛选出合适的人进入社群进行深度连接，而没有任何准入机制的社群最后都会不了了之，所有曾经被骂的收费社群大都过得不差，那些看似合理的免费社群最后大都因为没有日活和互动，而逐渐沉寂，因为用户每天除了看广告就是看没什么实际意义的公众号链接文章。

不断强调价值内容的“灵魂有香气的女子”，因为价值内容就代表着群体的方向，这些群体的社员会因为相同价值内容的文章而留言，表达自己的观点，“女人成长比成功更重要”这句话切中了很多中青年女性内心最真实的需求。

如今女性经济是很多人关注的创业方向，因为他们认为这个群体的消费能力强，冲动消费多。但是看似冲动的消费如果没有足够打动她们的真实内容做支撑，所谓的针对知识女性消费群体的创业其实也只是一场割韭菜的行为。解决女性实际层面的需求，除了鼓励女性独立和成功，其实更多的是回归家庭后的那份“自己很好”，既不一味灌输鸡汤也不过分强调女性独立。很多创业者是需要好好去冷静想一想怎样才能把握好这个尺度。

一个品牌要懂客户想什么再给什么，而不是你有什么就给什么，从用户的角度不断反推需求产生的原因，用自己已经形成的价值内容通过大量的线上和线下的活动去让这样的价值内容沉淀到每个用户的心中。

02 自媒体时代改变了他们，也带来了颠覆性认知革命

小荻老师：国内陌生关系破冰第一人

如果说国内自媒体里面非要通过一个人去连接所有的大V，那么我认为除了小荻老师之外，还真找不到第二个人可以认识所有自媒体大V而且大V也认识她。

小荻老师有之前在“在行”沟通类话题见面约见次数TOP 1的光环，还有大量的沟通实践和案例复盘，经历了创业转型后的小荻老师重新思考，认为聚焦沟通品类里面“陌生关系”是最贴合当下年轻人的心态。2018年，小荻老师重新定位后的标签是“国内陌生关系破冰第一人”，主要服务群体是90后年轻人。

当下年轻人内心需求之一是社交，社交当中的尬聊和不知道如何介绍自己困扰着当下年轻人，小荻老师用系统的工具和方法解决了这些问题。在她看来自我介绍用4W原则就会让对方很快听懂你要表达的核心内容，最迅速解决尴尬的方法就是从对方身上找一个熟悉的元素形成话题然后展开。

重新定位后，小荻老师不断出现在年轻人聚集的场合：著名文案

畅销书作家叶小鱼新书分享会邀请了小荻老师现场给年轻读者分享陌生关系破冰的技巧；深圳年轻的心理学品牌“心理博物馆”的活动也邀请了小荻老师为现场50位不同职业的年轻人分享如何与陌生人沟通。

从“陌生关系”这个赛道来说，目前国内能够在头部形成流量的似乎没有，大部分人认为这个应该归属“沟通”品类。从数据来看，大部分人的关系获得都是从陌生人开始，在诸多关系里“陌生关系”被认为是一种弱关系。我们对外界事物的认知和学习都是从弱关系获得，可是因为弱关系的不确定性强和没有信任，大部分人很难去打破陌生人之间那层无形的屏障，它就如一道冰墙存在于陌生人之间。

陌生场景对于两个人来说是需要有媒介来连接才会产生互动，有互动才会有更多的连接，而小荻老师就是陌生人之间最好的媒介。2018年小荻老师推行的“Hi 陌生人我想和你聊聊天”国内首个陌生快闪沙龙，跨越北京、深圳、东莞、广州、成都等地，连接了不同职业的90后年轻人，通过游戏互动的环节，解决了他们在交往上的困惑。每一场活动每个人都有机会连接9个不同职业背景的年轻人，陌生人破冰最快的技巧就是选择合适的媒介。

用户只会关注每个领域的头部流量，因为时间碎片化带来的价值转移成本过高，所以成为某个领域的KOL就是考核能否是行业领域焦点最好的一个标准。作为国内陌生关系领域的KOL，小荻老师深知内容沉淀对于一位KOL的影响，而为了扩大品牌影响力，小荻老师最近一直闭关创作一本有关陌生人关系的书籍，这本书从年轻人视角去剖析陌生人关系，实现陌生关系的破冰。

小荻老师通过陌生关系的场景用破冰的方式连接了90后年轻人，年轻人在沟通中也在逐渐让小荻老师这个KOL形象越来越具象。

能够最后影响用户的KOL都是真实的而非想象的，能够最后落地的KOL在商业变现的路上就会越来越近。

陈勇：网络营销实战专家

用户视角是了解品牌方存在问题的最佳角度，可是大部分品牌方不愿意面对自身的问题，把营销转化低的原因推给大环境和用户。在陈勇看来，营销转化是一个非常现实的问题，品牌方要先面对自身的问题，自身才是营销转化的根本。

陈勇曾经服务于南孚电池、花点时间、猫王收音机等公司，负责品牌广告投放转化，也做过百度公司深圳&北京分公司营销转化顾问，他在营销转化领域一直是有很强话语权的那个人。

电商行业常提及一句话“投入产出比”，陈勇就是负责“产出”那个部分，或许很多甲方出现的转化问题在陈勇这里都曾经遇到过，他擅长运用搜索和数据建模来技术化还原营销增长的真正秘密。当陈勇发现底层的消费逻辑后，他就在他服务的案例中不断去运用，继而总结出用户产生购买行为的动机、能力、触发三个因素及相互关系。

作为一个解决营销末端问题的实战专家，陈勇运用了套路的言语去应对很多客户的问题，理工科出身的他能够把顾客可能问到的问题提前预演，模拟顾客消费场景是陈勇工作的一部分。

陈勇的语速很快，快到让你觉得听完他的分享会有信息爆炸的感觉。在不同的分享场合，陈勇都会谈及关键词“转化”，这样不断重复，有助于自己的KOL形象最后沉淀为“营销转化专家”。在很多用户的脑海就会形成“营销转化”和“陈勇”之间的联系，这样的反射是需要线上的信任和线下场景的不断重复，当然很大一部分用户是从线下分享活动里产生的，因为线下场景很容易达成信任，由信任转化成付费，让陈勇帮助品牌做营销转化。

服务过的品牌和众多的头衔都能够帮助陈勇做信任背书和权威嫁接，只有信任才会有下一步的消费行为产生，所以陈勇作为营销转化领域的专家，从市场的角度他具备实战的经验，同时也具备理论的基础。

因为自媒体的流量，也让陈勇从传统的市场营销转化为互联网数字营销转化专家，变的是渠道不变的是转化手段，提供价值才能超越甲方付出的价格，从某种程度上，陈勇是一个既懂营销又懂消费心理的转化高手。

关健明：朋友圈成交培训专家

关健明被很多创业者们知道是因为他写的那本畅销书《爆款文案》，这本书成为众多年轻创业者写产品文案时候的参考书。

从个人品牌的信任度来说，《爆款文案》的封面宣传语用广告行业知名流量公司“奥美”作为从业经历的背书权威，这能让读者信服他在文案上的专业度，然后又通过“知乎25K高赞回答作者”建立了读者对他通过一篇文案的相关回答引发知乎的热度传播和网友的认可，这是通过精准的数据让读者信服关健明在文案领域的高度和热度。

因为意识到文案只是促成产品成交是一个环节，即使已经到达文案领域的一个极高的流量，关健明还是通过“知识星球”一年的沉淀，给自己一个新的定位——“朋友圈成交培训专家”，放下之前的头衔，认真踏实做朋友圈成交培训，切实帮助每一个朋友圈创业者提高成交。

老关在朋友圈销售火热的“朋友圈变现训练营”已经连续做了三期，他把浪潮式发售的原则运用到极致。训练营的课程属于社群制，参加的人都有群体意识和共同价值取向。开营的个人介绍，通过互惠的心理让彼此产生信任感，仪式感的开营赋予了所有社群群员课程期望和开放连接。对于用户来说参加一个训练营最大的目的是想达到宣传所说的效果，老关通过承诺制（通过训练营学习后没有成效全额无理由退款）完成了三期训练营的销售，对于很多徘徊不定的人来说，承诺制能促成成交。

老关的课程开发是基于大部分人愿意帮助别人的心理。老关通过“求助式”文案让用户参与课程的开发，同时用户也慢慢成为课程的代言人，已经参加过训练营学员的真实留言也触发更多人的报名。训练营里还会不断树立IP学员，因为在学习的环境下榜样的力量是能够激发联动性和消除学员的懒惰性：没有人愿意比别人差。训练营空降的KOL能够为老关的训练营课程增加信任的流量。

一个课程开发者对于课程越重视越会让学员增加学习的信心。老关的朋友圈连续发布训练营课程的进度，连过年都不休息在打磨课件，这样的状态让很多对训练营有兴趣的人看到，会立即产生转化；老关还通过隐藏训练营的独特资源，让学员产生极大的好奇心，快速实现转化。

用户愿意为别人的效果买单，老关不断用第一期学员学完训练营前后对比的留言和评价，激发更多关注到训练营的用户，不断增强信任从而转化为付费的购买力。在老关的文案里强调“没有背景”“普通人创业”“学之前不信”“持续做有效”等关键词，让用户看到后会产生比较强的行动力。

如果仔细去看老关朋友圈的文案，你会发现他非常擅长用提问式的文案去激发用户的互动，痛点式地挖掘用户存在的现实层面的问题。老关也不断跟进每个学员训练营结束后的成交状态，调整和优化，并收集用户关于训练营课程的真实反馈，以便后期训练营新学员可以学到更加落地的课程。

这是一个流量变现的时代，而关健明却没有因为《爆款文案》的畅销而停止思考。朋友圈巨大的流量，垂直领域成为头部KOL，如果你对于朋友圈成交有疑问，可以找老关聊一聊。

黎德国：国内快闪摄影行业超级流量IP

黎德国，一个曾经在传统摄影圈混迹多年的摄影师，因为一次偶然的机会被罗辑思维公众号推荐后，成为国内快闪摄影行业超级流量IP，他与自媒体圈大V社交也由此开始。

做传统摄影那几年，黎德国拍摄了周杰伦、古天乐、郭富城、熊黛林等明星的广告，明星流量成为最好的嫁接，为他后来成为摄影行业的KOL奠定了流量基础。

黎德国靠才华连续8次被罗辑思维官方公众号推荐，当时罗辑思维处在自媒体流量的上升期，罗辑思维的推荐为黎德国打开了自媒体流量切口。

随后黎德国受邀为深圳市政府拍摄专题人文摄影，被《南方日报》《深圳特区报》等深圳当地传统媒体报道，与官方合作能够为他的作品带来信任背书。

从2016年开始，黎德国陆续为知识付费领域的一线大V拍摄个人微信头像，李海峰、彭小六、杜子建、秋叶、古典、但斌、萧秋水等，大半个知识付费领域有影响力的KOL都用过黎德国拍摄的微信头像和社群活动的会员头像。为这些人拍摄头像，使得黎德国的个人流量和形象凸显出来，他也从一个传统摄影师平稳转化为互联网摄影KOL。

2018年，黎德国连续“玩了”三次大型摄影千面快闪活动，快闪活动形式可以在短时间特定场景下激发他的个人流量。万象天地、深圳书城、招商局汇港中心等众多年轻人集中的流量商圈，通过摄影的方式，黎德国为一个个真实的深圳人留下朋友圈里最好的一面。

黎德国的作品能够传播，最大原因是真实、好看。在用户的社交媒体表达价值里，最实用就是去帮助用户提高他们的社交价值，朋友圈头像就是一个最快速提高社交价值的方式，而黎德国的摄影就利用这一点与用户进行了快速连接。看似传统的方式却运用互联网思维去突破，传统摄影为我们留下的是照片，黎德国的摄影为我们连接了新的生活。

现在，朋友圈已经成为主流社交的方式之一，聚焦于微信头像的流量KOL黎德国，每一次快门的按下，背后都连接着万千人的生活。

自媒体让这些KOL在行业的边界上不断赋能，自媒体不只是给他们带来传播上的便利，更多的是加速了个人沉淀的速度，他们在不断升级自己的知识体系同时也在改善一部分人的知识层级，“成就别人也就是成就自己”这句话在他们身上得到了最好的体现，他们是别人眼中的自媒体大V，同样他们也是自己眼中一直努力的自己。

03 微商全流量时代的开启，是朋友圈创业的新方向

智伴机器人：人工智能背后的陪伴经济

微信爆发的巨大红利，让社交电商这样一种电商方式在大众创业中普及。社交电商方式是基于人际关系网络，借助社交媒体传播，通过用户自发产生内容，用社交的方式完成交易，是一种信任为核心的社交交易模式。社交电商与传统微商最大的区别就是，传统微商靠代理出货挣钱，社交电商强调货源与社交，通过社交不断增加客户的数量，提高卖家的利润。社交并不是传统意义上的见面，一个朋友圈的文字、一个订阅号的信息分享、一段抖音视频的群内链接，这些在如今互联网时代都成了社交的一种。

“智伴机器人”就是社交电商热潮中诞生出的一个非常火的智能产品，这个超过百万订单的产品被很多父母认为是“儿童机器人中性价比最高的产品”。在中国大约有56%的空巢家庭，“智伴机器人”大火的背后是国内人工智能技术成熟和国内陪伴经济的高速发展。

大部分父母内心是希望陪伴孩子成长，可是现实层面很多父母的陪伴是假性陪伴，一边陪着孩子一边玩手机的父母并不在少数，这样

身陪心不陪普遍存在。购买“智伴机器人”的父母群体很多是为弥补对孩子陪伴的缺失。

“智伴机器人”的出现开启了高质量的陪伴时代。智伴机器人运用人工智能+教育的方式，让孩子在玩中还学习到知识。智伴机器人大数据的算法体系和知识库的不断升级，让孩子的问题会得到与时俱进的答案，不仅让父母避免了回答不出来问题的尴尬，也避免了孩子的兴趣被父母答不出来恼羞成怒的“我哪知道”打击到。

儿童产品销售很大程度上就是销售心理，产品本身的质量属于基本因素，不需要在宣传上过多强调，但产品一定要质量过硬。“智伴机器人”采用国内网红公司洛可可设计公司（55度杯爆红产品设计公司）的设计，语音识别系统运用和苹果Siri同一供应商，搜索引擎合作方是百度搜索，微信微聊合作方是腾讯公司，所有机器人都是运用ABS防弹抗摔的飞机舱材料制作。

很多人不能理解，一款售价不超过1000元的机器人，智伴公司却要在成本上花费那么大的代价，至于吗？从用户角度考虑，给孩子使用的产品材料一定要最好的；从品牌方角度想，产品的功能、功能之外的价值都要让用户认可，否则很难会让用户去主动购买。

在社交电商中产品供应的强大成了决定因素，一款好的产品如果有着强大的硬件支持和售后体系，对于合作的用户来说，市场推广成本就会降低。“智伴机器人”就是这样的一款产品。随着“智伴机器人”大量综艺节目和广告品牌曝光，不仅解决了公众的信任问题，还让大量购买“智伴机器人”的用户有了朋友圈炫耀的价值，毕竟一款火到湖南卫视的陪伴机器人，从广告成本来说，都不是一个小公司可以做到的。

社交电商中社交只是手段，货源才是根本，所以想要在熟人面前卖货又不反感，前提一定是产品很好，相比传统微商的刷屏朋友圈，社交电商更多的是随性的分享，分享的同时也在不断展现品牌的价值。所以你会发现很多“智伴机器人”的城市合伙人，在推广这款机器人当中，并没有去运用卖货思维与用户讨价还价，这一点得益于智伴的代理培训体系，一套科学的营销市场方法，能够让城市合伙人因为“智伴机器人”而获得物质上的回报和价值的认同。当传统微商还在纠结是否囤货时，“智伴机器人”强大的物流体系和良好的退换货政策，彻底避免了传统微商囤货不卖货的繁荣假象。

“智伴机器人”很大程度上是在呼吁父母回归家庭，产品的使命感和社会责任感的传播，会很大程度带动用户去传播产品。如果“智伴机器人”只是一个冰冷的机器人，是不可能得到如此火爆的市场反响，所有火爆背后都是解决了用户一个根本的痛点、带动了社会价值的传播，这也是众多在从事“智伴机器人”代理们内心的推动力。

好的产品才能够在社交电商时代获得最大流量。“智伴机器人”3年内完成15亿的销售业绩，成为国内第一家机器人上市公司，也代表中国智造亮相美国CES（国际消费类电子产品展览会），成为展会上的热销爆款。“智伴机器人”从一个单纯的玩具的角色完成了一个成长陪伴角色的转变，当然智伴机器人在父母的陪同会下使用效果会更好，毕竟真实陪伴是任何人工智能无法取代的。

贾烽：从抖音火起来的互联网导师，粉丝经济下的个人IP流量

在抖音里偶然看到一条有关贾烽的视频：在地下车库，一个中年男人尴尬地表述了作为男人面临的压力和背后的无奈。我被贾

烽视频里真诚不做作的表演所折服，至今都能说出这条视频的细节，从那天起，我开始持续关注他在抖音里的其他视频，成了他的"粉丝"。

在抖音这个流量平台，能够持续更新且风格一致的作者最后都会得到官方的流量分配。贾烽的视频能得到这么大的流量是因为他的视频和其他鸡汤的视频不同，他把自己的内容传递给看视频的人，进而传递价值。

强大的个人IP是用独特的内容吸引到一批超级用户，而贾烽的独特内容就是抖音上持续不断更新的每一条视频，视频的每一句话都是表达他独特的正能量气质，相比一些只会随意诋毁别人的键盘侠来说，贾烽通过改变一部分人，得到他们最真实的认可，慢慢形成粉丝的忠诚度。

人格魅力是粉丝追随个人IP的一个重要原因，追随也代表着信任和价值认同，在商业部分就会形成付费。贾烽的"粉丝经济"公开课得到众多创业小伙伴的支持，每一次开课场地都会被挤满甚至有全程在后排站着听完两天课程的。

普通人的逆袭才是值得关注和借鉴。从歌手到品牌微商再到互联网创业导师，贾烽运用自己多年台上的经验和创业的波折经历，引导互联网创业者，让他们放弃一夜暴富的想法。贾烽在课上告诉粉丝他来自江西萍乡的农村，有时候他的母亲也在现场，你可以感受到这个激情四射的老师，每次谈及惨痛的过去和父母都是哽咽的，在那一刻你会觉得他更加真实。

贾烽是通过互联网思维改变传统微商的卖货刷屏思维，如今信息相对对称，没有人愿意朋友圈里有一个只会刷屏却没有实际意义的朋友。主打"粉丝经济"的贾烽老师，通过多场分享把相同价值期待的学员列入培养计划，设置标准进行筛选，把时间成本降到最低，逐渐改变很多创业者的生存状况。

在个人影响力塑造上，需要有很多连接外界媒介的机会，单层面的连接是无效的。贾烽非常重视自我形象包装，他拥有专业的拍摄团队，在任何一个场合任何一个镜头下的他永远是充满着自信和能量。当然，每一次的拍摄背后都有数不清的NG，对于视频出品有高要求的贾烽，一个镜头甚至需要拍30多次，最后连摄像师都拍到没有脾气，他还是激情满满地对着镜头。

贾烽的认真和追求完美，使得他的培养计划从来都不低价。价格本身就是价值的连接，通过昂贵的价格去对等时间的价值。在社交电商迅速发展的时代，产品成为最大的核心。贾烽老师最核心的内容就是服务，这里包括流量形成、IP的打造、社交的价值、变现的能力等。

贾烽不断让自己的学员们成长起来，这些学员不乏抖音的大V，他们都是冲着贾烽的名气而来。名字在这个时代就是流量，也是变现的能力。众多迷茫的创业者都在问一个问题“如何挣钱”，如果你也不能想清楚这个问题，可以找贾烽聊一聊，或许他给你的思路就是你未来的出路。

贾烽作为一个互联网导师，已经完成内容特征和人格化属性的IP转变，相信会有更多创业者在贾烽的带领下，不断走出困境，让自己过得越来越好。

朋友圈里创业产品才是真正的核心，无论是具体的产品还是个人的IP。在你无数次发出朋友圈的每一刻，都是你与朋友圈的那些人在交流，点赞与否是关注、咨询与否是兴趣、购买与否是认同，做好有特色的有价值的产品，是你对朋友圈的尊重。

04 自媒体时代下的在线教育品牌，到底是传道还是解惑

三节课：倒计时成为学习最大的原动力

三节课的愿景“能够帮助大家在未来社会活得更好”，从这个愿景可以看出三节课不单纯是卖课程，因为三节课知道，要想让学员在未来生活得更好，需要传授的是技能而不是简单的课程。

三节课的课程体系是符合当下创业公司发展方向的，之前从产品课程切入，也是基于创始人的互联网产品经历。三节课每个不同方向的课程归属于不同的学院体系，从小白到高阶不同课程的设置，让学员真正的成长而不是卖完课没有售后。如今三节课从最早期的产品课程扩散到产品、运营和营销三个方向。

三节课教授的既然是技能，就需要大量的练习和训练。相比其他线上课程传授概念和案例，三节课更擅长从案例去启发，让学员发散思维。三节课的老师都是实战型的，拥有大量的实际操作经验，他们把实践通过模型变成课程训练的内容，从模型切入知识，让学员能较快理解。

三节课的品牌内容不是老师的课程，而是学员们的作业，因为学

员们的作业是不同行业背景下的思考与训练后的反馈，老师的方法论在学员那里得到新的释放，表面上看三节课的内容是课程，可是真正吸引学员过来的是那些学员熬夜做出来的作业。

助教体系也在三节课形成了课程特色。助教批改的内容是三节课内容体系的一大亮点，每一份辛苦作业的背后都有一个在熬夜的助教。学习的精神是容易被传染的，在三节课里经常强调“刻意练习”。听起来容易做起来比较难，三节课利用助教体系帮助学员实现“刻意练习”。

大部分付费购买课程人都是买时冲动，学时放弃。大部分买了课程之后，过了好奇和新鲜期，以后真正打开学习的都不超过1/3，为什么？因为大部分人觉得课程一直在那里，有空再去听，一直都是这样想，最后可能就算有空也不会去打开课程了。三节课的课程是设置学习倒计时的，如果你在规定时间内没有完成课程，除了自己的学习笔记，其他内容就再也无法看到，这样失去型学习模式，会让人有压力和紧迫感，而这些感觉在我们学生时代一直存在着，只是进入社会之后消失了，三节课帮助很多人找回上学时的状态。

对于知识付费学习来说，大部分还是手机端碎片化的学习，而很多知识其实还只是信息。三节课一直坚持学员通过PC端学习，因为三节课的课程体系不是碎片化，是有结构体系的，很难在手机端去实现学习。在大量学习平台通过手机端学习的时候，三节课通过品牌体系差异化异军突起。

通过真实的学员成长来带动整个三节课的品牌宣传，用优质的内容和强大的服务形成口碑传播。数据显示，三节课靠口碑传播形成的用户占据整个用户数据一半左右。三节课品牌的三年变化，背后是千万个中国年轻互联网人成长的见证，他们把所学的知识又实践在每一家我们熟悉而又陌生的企业里。

樊登读书会：读书经济增长背后的秘密

樊登读书会抓住了当代人的知识焦虑。从古至今中国人就崇尚读书，读书可以开阔视野、扩大知识面、增长见识、提升自己，现在年轻人还利用读书彰显社交价值，在社交媒体上读书打卡不仅能收获点赞，还能引来志同道合的读书人。

樊登读书会APP利用最开始的1000个种子用户推广，这些种子在线上通过推荐好友获取免费视听机会；线下樊登读书会让代理公司以分会的方式销售会员卡；另外，樊登读书会还运用众筹销售的模式发展会员，如今会员已突破600万。

樊登读书会的佣金比例不低，合作让对方挣钱的同时还获得社交价值的提升，代理商不仅可以获得利润还能成为樊登读书会在所在的地方合伙人，除了生意人还有一个文化的身份，这是很多代理商看重的。

2015年，在樊登读书会上了《奇葩说》第二季的一期节目后，有一波新用户的增长，樊登读书会还适时推出了免费体验两个月的会员活动，获得了不少的会员转化。

从2016年起知识付费进入一个快速发展时期，樊登读书会经历几年的积淀在这样流量红利时期迅速发展。樊登读书会在用户拉新上不断增加用户的使用渠道，APP和小程序都可以，用户不愿意下载APP可以使用小程序，方便又快捷；在新用户体验上上，新注册用户可以免费听7天……一系列的政策对于用户拉新非常有帮助。

2017年，樊登读书会出品《我是讲书人》，选手读完一本书并根据自己的理解在有限的时间内讲述出书中的知识点，通过大咖评委的点评决出优胜者。《我是讲书人》吸引了不少流量，樊登读书会同时推出的入会活动，带来新用户的增长和转化。

用户的主动与否和品牌本身输出价值有一定联系。听书的习惯养成后，就很少愿意输出读书笔记，樊登读书会曾经推出过“笔记漂流”的功能，推出后互动效果比较差，只好取消了该功能。同样都是读书的用户，“得到”用户的读书笔记输出就很主动。定位群体不同，带来的读书的方式也就不相同。樊登读书会定位“没有时间读书、不知道读哪些书和读书效率低的人群”，通过自己的理解和语言去帮助用户去快速消化一本书。而“得到”定位是精英阅读。

读书和听书是两个不同的过程，樊登读书会采用文字解读和视音频讲解的形式，很明显它也并不是让用户养成看书的习惯，这与它定位“读书能力弱、读书意愿强”群体是一致的。其实“樊登读书会”商业本质是“书籍解读”，解读就存在主观性的问题，这就是为什么樊登最后形成说书的KOL，让用户习惯于自己的语言体系和解读角度，因为自己的风格产生用户沉淀与崇拜。

无论怎样，“樊登读书会”切入了一个懒惰人的场景消费，线上的互动与线下的连接形成了完美的闭环，希望不久的将来“樊登读书会”可以在知识付费领域有一块更大的流量蛋糕。

得到APP：引领知识付费行业的头部流量

一群不太懂互联网规则的人却打造出一款极具互联网基因的产品“得到”。2016年5月“得到”上线，2018年5月，“得到”的用户超过2000万，两年的时间，罗振宇和脱不花带领的“得到”团队已经站在国内知识付费金字塔的上层，成为头部流量。

“得到”用户的自然增长与罗振宇在“罗辑思维”早期的用户沉淀有一定的联系，在“罗辑思维”比较强调罗振宇个人IP，在“得到”却是弱化罗振宇个人IP，这是两款不同的互联网产品，它们带来的流量导入方向也应该不同。

“得到”提倡碎片化学习方式，让用户短时间内获得有效的知识，旨在为用户提供“省时间的高效知识服务”。“得到”的用户多半是怕被时代抛弃的焦虑群体，使用“得到”的场景为上下班途中、起床后、睡觉前以及生活中的一些碎片化时间。

产品一定要通过用户熟悉的场景到达用户的心里，不要在场景认知上让用户提高成本。“得到”通过专业大咖用语音+图文方式，让用户低成本获取知识，降低他们的焦虑感。

2018年，华与华公司为“得到”设计了新LOGO，一夜之间这个LOGO形成大量话题流量，嘲讽的、怒骂的、看热闹的，好像所有人在等着看更换新LOGO之后的审美笑话。

可是事实证明新LOGO上猫头鹰设计极具商业流量。华与华公司很多设计一开始都会经历审美不习惯，但大都成了设计的经典。品牌LOGO最主要的目的是吸引流量，就像传单的目的不是为了宣传资料上的内容，而是通过传单吸引用户关注，不少品牌总希望通过传单去传递内容，最后效果往往并不理想。

2018年，“得到大学”成为知识付费领域又一个标志性的增长产品。“得到大学”是得到公司出品的新产品，旨在建设一所服务终身学习者的通识型学校，通过线上线下结合的学习方式，把分散在社会中、正在被创造但还未被整理的知识挖掘、提纯、分享出来。“得到大学”

入学需要面试，面试不仅可以筛选最合理的用户，还能够迅速形成品牌壁垒。看“得到大学”的录取名单会发现各行各业的人都有，有一些行业我们甚至闻所未闻，普适性的学员是“得到”希望拥有的。

每一年的跨年演讲“时间的朋友”其实就是罗振宇代表“得到”团队与他们粉丝最大的一次互动，同时撬动用户周边的新流量的增长，一场跨年演讲带来的流量是不可预估的，形成的关注和话题讨论也是非常多的。从当晚的演讲直播、后续在“得到”上录播的演讲内容和众人的心得笔记延续，都会给“得到”这个品牌注入强大的信任流量和光环。

作为一个知识付费领域现象级的产品，“得到”APP给用户带来了大量可持续转化的知识，也推出了一些诸如薛兆丰、刘润、武志红、李翔等KOL现象级别的大咖。“得到”APP加快了知识获得的速度、降低了知识获取的成本、拉近了用户与传授知识老师之间的距离，这一切进程的加快都得益于“得到”APP对于知识付费方向的判断，“凡是过去，皆为序章”，希望更多的人可以在“得到”APP寻找到自己想要的知识。

混沌大学：用创新思维为知识重续流量

十个下载了“得到”APP的年轻人，最起码有四个同时也下了“混沌大学”，这个人群的重合也属于正常，毕竟焦虑的人都会迷茫。

作为传道授业的平台，所讲的知识和逻辑是要让用户觉得专业和可信。“混沌大学”作为一个创新的互联网线上大学，运用模块的方式通过刻意的系统化练习，提高认识，最终解决实际问题。而创始人李善友曾是中欧国际工商学院创业学兼职教授，个人影响力非常大，这为平台的可信度和专业性作了背书。

李善友教授提出来了三大模块：第一性原理、非连续性和第二曲线。通过第一性原理，跨越非连续性，实现第二曲线的增长。众多模块其实就是复杂万物背后那套方法，也就是通俗说的“套路”。

第一次听这些概念的时候，大部分人都是云里雾里。第一性原理说通俗一点就是万物都有源头，而非连续性通俗理解就是万物都是变化的非静止，第二曲线最简单的理解就是实现增长必须跨越的曲线区间。

“混沌大学”线上课程按照MBA的模块去设计，相比线下课程的固定和单一，线上课程是灵活和可选择的，用户更愿意选择这样一种低成本高获得的新型线上MBA课程形式。

“混沌大学”线下课程学习采用统一的服装，相同的视觉呈现会让学员有归属感和同理心，能迅速打破陌生人相处的尴尬，也会形成话题传播和群聚效应。

“混沌大学”的课程体系是按年卡来购买，相比得到APP的单个课程购买来说，“混沌大学”更像学籍制的学习模式。

“研值”是“混沌大学”的社交货币，可以通过邀请好友或者完成任务来提高“研值”。社交货币是激励用户的一个很好的方式，在学习当中激励用户去完成任务获得社交货币，而这些社交货币又可以在平台购买等值的相关课程，对于用户来说通过行动就可以获得有价值的课程，能激励他们更好地学习。

来“混沌大学”做讲课分享的都是国内外各个领域的大咖，大咖们可以为“混沌大学”品牌增强一些额外的流量和光环。一些明星学员的加入，更是让混沌大学品牌性加强，毕竟普通人会觉得明星已经生活无忧，还要努力学习变得更加优秀，普通人有什么理由不努力学习呢？

在写这篇之前，看到“混沌大学”的商业模式闭环图的时候，发现用户和解决方案最吸引我，毕竟无论用何种营销方法最后目的就是获得用户、实现增长，解决获得用户中间产生的问题以及增长之前的困境，这就是李善友教授提到的曲线。

传道授业解惑，是教育的一个最基本的标准，对于很多知识付费领域的老师们来说，这也应该是一个基本底线。一味制造焦虑不解惑是不能在知识付费领域得到持久良好的口碑，传道的前提是自己了解道和熟悉道。知识付费领域的不断优化，一定会有更多更专业的老师脱颖而出，为我们带来更有用的知识。

05 靠公众号起家的这些行业KOL，如今陪伴在年轻人的生活里

黎贝卡的异想世界：商业记者到时尚博主，跨界创业背后的内容电商

线上的火爆同样会带动线下的销售，黎贝卡与Bata合作的联名款鞋子，限量1200双不到40分钟全部售罄，随后Bata天猫旗舰店及各地Bata门店亦掀起抢购浪潮。这样的品牌流量互串效应和星巴克的猫爪樱花杯背后的逻辑是一致的。

黎贝卡依靠公众号内容创业，“黎贝卡的异想世界”不断创造内容电商的奇迹，一个教人买买买的时尚公众号，拥有180多万的粉丝。从传统媒体辞职做内容创业，通过独特的视角解读时尚，黎贝卡让有格调的生活不再高冷。

很多人知道黎贝卡是因为两场活动，一个是黎贝卡联手Mini发售“Mini Yours加勒比蓝限量版”汽车，100辆定制车不到1小时售罄，让Mini官方感受到内容电商巨大流量带来的直接转化；还有一场就是黎贝卡与故宫文化珠宝合作推出的联名系列珠宝——“故宫·猫的异想”，20分钟售罄。当然随后推出的联名手账创造了在28分钟内销

售1万册的骄人成绩，这些都是线上直接销售感受不到的流量带来的真实的紧张感。

黎贝卡一直坚持合作的品牌必须是自己购买过和使用过的，没有体验和品牌筛选，是不会带来这么高的直接转化。这些转化表面是商业购买行为，背后是信任经济带来的流量突增。用户体验第一，帮用户买到他们真正觉得超值的物品，这样的商业广告行为不但不会透支用户对KOL的信任，反而会因为每一次的期望满足，形成强大的口碑渗透，为黎贝卡带来更多新的信任流量。

逛各大时装周是黎贝卡为其个人品牌增加光环的途径之一，因为频繁的时尚曝光会带来更多的品牌合作机会。众多媒体的报道和社交媒体的传播，给黎贝卡带来强大的影响力注入，众多明星也会为黎贝卡宣传，因为高审美的KOL的影响力也会让明星的自我审美提高。

时尚博主和网红最大的区别是内容输出，网红更多的是蹭流量和短暂现象，而时尚博主会有自己的审美标准和内容体系，拥有敏锐的时尚嗅觉。黎贝卡用普通人的话语去解决了用户生活里的穿搭诉求，形成了自己强大的KOL感召力和影响力。

超级流量KOL因为独特的魅力，在众多媒介中可以形成若干个流量黑洞式的连接，其包容的属性能够实现合作方去中心化后的流量转化，看似简单的转化背后是用户内心对于KOL的喜欢和信任，更因为限量带来的稀缺性和紧张感，才引发了抢购的行为。

没有长期的独特思考带来的有价值的内容输出，黎贝卡是不可能成为各大世界时装周的头排客户，她的走红也预示着时尚圈也是靠内容而不单单是靠颜值。把兴趣最后做成了商业，黎贝卡是自己的人生赢家，也让众多喜欢她的贝壳粉丝们，变得越来越好。

十点读书：线上内容电商线下开始布局

从2016年开始，不少新媒体的大号开始从线上转战线下布局，从2016年的同道大叔的星座咖啡馆到2017年的胡辛束奶茶店，到了2018年，“十点读书”也在线下开了书店。线下运营的自媒体号一般偏向轻资产，在线上火的流量转战线下就要面临轻资产向重资产转化，对于新媒体号来说，能否经受传统商业重资产需求和时间考验，很多人一开始就很担心。

过去两年，拥有5000万用户的“十点读书”正经历线上获客成本过高带来的用户增长变缓，长期平缓的用户数据会消耗“十点读书”的品牌影响力，把品牌流量往线下导，是希望为线下场景为“十点读书”品牌带来新的流量入口。

“十点读书”做书店似乎也理所应当，拥有5000万和书有关的用户黏性，品牌下的内容矩阵可以互相导入流量，获取用户的成本非常低。线下书店顾客的消费都是冲着品牌去的，能够代表读书这个群体最真实的购买需求；线下书店的形象和传播对于增强用户对“十点读书”品牌形象是有加分的，因为把线上的品牌形象逐渐落地，对于用户夜晚治愈的那份感觉越来越具体。

线下书店布局是为了把“十点读书”的用户在线下消费的场景与线上的内容付费场景连接在一起。“十点读书”线下书店会与线上的课程版块结合，线下书店不再是单纯的书籍陈列销售，对于用户来说更像是“十点读书”线下的体验店，根据线上内容来线下店翻阅和购买，会员能够第一时间最大程度的享受到线上的内容，形成其产品的闭环。

名字在品牌传播中的作用很大，“十点读书”之前叫“每日好书推荐”，相比四个字来说，六个字的读起来也比较拗口，而且场景不够具体，“十点读书”给出了品牌的时间场景，而且品类的行动力更强，所以一个品牌拥有一个好的名字就成功了一半。

从十点读书会到十点书店，从书的内容分享到书的场景呈现，“十点读书”团队从最早的社群发展为内容电商后，推出的内容付费“十点课堂”，不同赛道都是为了支撑“十点读书”品牌的张力。

大量线上自媒体号在寻求线下流量的新生，这条路并不那么顺畅，毕竟成本增加的同时利润却会持续下滑，对于一片繁荣的线上自媒体来说，如何走出线下品牌经营的困境是他们不得不思考的。

在中国所有只卖书的书店经济都不太景气，“十点读书”更多是夜晚陪伴经济下的衍生品牌，相比同道大叔的星座咖啡馆关闭，“十点读书”更符合线下体验、线上消费的互相赋能模式。

胡辛束的“杯欢制茶”，90后的“借奶消愁”

从喜茶带动整个茶饮行业的洗牌后，年轻人的生活似乎与奶茶分不开了。靠公众号起家的胡辛束，带着20个人的团队，延续胡辛束少女矩阵的IP属性，用“杯欢制茶”为其品牌“辛里有束”延续IP流量。

胡辛束自认为擅长运用年轻人的语言体系，她为众多品牌代言，通过创意方式去调动年轻用户的内心认同。品牌想年轻化，第一步就是用年轻人懂的语言体系去表达品牌的价值和观点，在胡辛束看来，20世纪那套广告逻辑如今用户是不会买单的，因为年轻人只会为懂他们的品牌去消费，空喊口号的品牌只会被屏蔽。

胡辛束在做“杯欢制茶”之前，还折腾过少女心市集、移动小酒馆、500色口红展、回忆释放博物馆等，这些都是年轻人喜欢的最好的连接他们的活动。

自媒体已经过了公众号最好的红利期，很多自媒体创业者开始焦虑，不少人为了寻求出路，从原有的内容领域不断去延伸和拓展。胡辛束也是这批创业者中的一个，从线上的贩卖“少女心”到线下的“柔软的成年人”，群体性的扩大，是为了体现“杯欢制茶”这个品牌的包容，单纯的“少女心”线下覆盖太窄。

胡辛束身上有着浓烈少女标签，她戏称自己是“自媒体的杜蕾斯”。胡辛束擅长少女式的“情感营销”，擅长通过不同的方式和内容去调动用户内心的情绪。从“杯欢制茶”品牌名字看得出，胡辛束做的依旧是情绪生意，品牌的那句话“柔软的年轻人，请将悲欢一饮而尽”，解读了年轻人的情绪，也说出了很多打拼到深夜才回家的年轻人的心声。

从开店的KOL试喝到与电影《解忧杂货店》的品牌互动合作，胡辛束把“杯欢制茶”线下的店铺慢慢包装成一个年轻人的情绪发酵场景空间。从店铺的设计到店内的陈列，最受欢迎就是那个互动的“故事贩卖机”，通过“故事贩卖机”读取别人的故事，当然也可以上传自己的故事，故事成为奶茶背后年轻人世界的连接。

线下奶茶店的呈现，是胡辛束情绪生意布局的其中一步，情绪里的小正能量温度刚刚好，不丧也不鸡汤。在等待奶茶的制作过程中，随机打印出来的陌生人的故事，或许有那么一瞬间，看故事的人会因为这些文字而感动。每一个人都不易，一杯奶茶即使在最难的人生时段，也要一饮而尽。

IP属性极强的线下店一般都是因为用户喜欢来购买其线下产品，而奶茶是高频消费，不同时间段的情绪都被奶茶记忆，每一个时间分割下的情绪被放大。对于胡辛束来说，这是一个品牌流量入口；而对于90后的年轻人来说，这是"借奶消愁"的解压方式。

一个"故事贩卖机"背后是大量90后真实世界里的玻璃心，一杯奶茶背后是喝不完的情绪流量。胡辛束用内容去对接用户，用户通过仪式感去感受品牌，每一次线下与用户的见面交流，都会最后形成线上巨大的用户传播。

小马宋：靠公众号内容成为网红，克制表达背后的营销洞察

小马宋是从哪一天开始被冠以"广告行业的网红"，很少有人能够记得准确时间，用网红来形容可能不太贴切，可是也确实很难找出更贴切的形容词了。因为小马宋虽然不是日更，可是他的公众号内容很多人必看，置顶的也不在少数。

小马宋是西安交大锅炉专业毕业的，他常常戏称自己烧了三年锅炉然后走上广告人之路。小马宋先后在奥美、蓝色光标任过职，后选择创业，真正让小马宋成为网红，还是他做了"独立营销顾问"之后的事情。作为得到、罗辑思维的营销外脑，小马宋用行动力和优质内容开创了个人营销流量的后时代。

如果问小马宋如何成为营销网红，就要追溯他为"第九课堂"推广写的"一个广告文案的自白"系列（这个广告曾被李开复和罗永浩转发分享）。广告里的每一张图里的文案都会让你被小马宋的超大脑洞所折服，在那个杜蕾斯还没有进入公众热点视野的年代，小马宋通

过文案的风格开创了“营销网红体”，这也标志着小马宋正式连接流量，迈开他用网红流量颠覆营销行业的第一步。

如果你想了解更多小马宋为什么这么红口碑又那么好？可以去看《朋友圈的尖子生》这本书，书里面有红透营销半边天的李叫兽、被罗振宇感谢半辈子的脱不花等，巨大流量背后的社交逻辑和价值认同感都在这本书里。

个人IP吸引用户重要的一条就是独特的、有创新的内容。小马宋得益于公众号的流量时代，通过内容吸引到第一批自然用户，后面开始用营销思维去分析很多生活场景与品牌，段子一样的文字风格又为他积累了一批用户。

专业性会让独特的IP形成特定领域的KOL。在营销领域，小马宋的专业性是毋庸置疑的，之前的从业经验和戛纳广告节综合传播项铜狮奖，帮助他建立了权威背书，严谨透彻的分析文章为他带来了用户流量的沉淀。

在罗辑思维2017年的跨年演讲中，古茗奶茶火了。主打三四线城市的“古茗奶茶”，相比喜茶、奈雪的茶等网红茶饮，不特别也没有网红的设计风格，通过小马宋的营销战略，却可以拥有1200家店，年收入过12亿。后来这个案例被小马宋在公众号专门分析，“LOGO要大，内灯要亮”，这个在很多人看来就是废话的设计原则，却让古茗在小地方格外被人关注。

大部分人认为营销就是套路，也有人通过“在行”约见小马宋，总想得到一些营销洞察的套路，习惯战略思维的小马宋一般都会不客气地指出套路都是短暂的，品牌发展还是要从长远的战略入手。

小马宋在营销行业是一个媒介的连接点，很多人通过看小马宋文章知道了“罗辑思维”，也通过小马宋的朋友圈知道了“华与华”，也有人通过小马宋知道深圳有家名字比较奇怪的公司叫“感觉要火”。

小马宋的粉丝这些年通过他链接到不少好公司和干货知识，而他却乐此不疲的一个人写公众号，一个人给用户回留言，如果你能看到他朋友圈就会发现除了生活的照片和一些业务现场的，几乎没有任何营销方面的方法和感悟。

小马宋的走红，主要在没有割韭菜的鸡汤和永远第三角度公立的平稳阐述。不焦虑让小马宋成为自媒体营销行业的一股清流；不追逐网红的势头、淡定做好营销顾问分内的事情，让小马宋的商业生态布局非常大。

对于时下浮夸的创业风来说，小马宋的踏实创业更代表很多中小微公司的创业，小马宋谦虚地说自己的公司更像工作室，和他一起从暴风影音出来创业的腿哥如今除了收获物质上的保证，或许就是永远买不完的手办。

营销行业输出的价值比五官重要。小马宋的个人形象与文字风格是吻合，没有俊俏的外表和夸张的服饰，这样的个人形象能够极大程度增加用户信任感。

后　记

《流量黑洞》这本书能够完整地呈现在你们面前，你们无法想象作为作者的我和出版社编辑经历了多少的等待和磨合，所以我现在特别理解曾经在某本杂志上看到的那句话“躺在书店里的每一本书都应该值得我们尊重，因为无论畅销与否，对于作者本人来说，都是一场痛不欲生的重生”。

高中时候我曾经幻想以后开书店，也关注了国内众多独立书店品牌从辉煌到平静的过程，从未想过自己会通过营销这个角度去为行业做一点点小小的总结，它不代表任何营销学派的观点，作为商业观察者第三方的视角，更多的是通过流量黑洞的方式去理解我们生活中一个又一个熟悉的消费品牌。

每一个时代都会有一定的营销理论去指导我们如何去更方便深入地做品牌和理解市场，定位理论成为众多营销理论中应用最为广泛传播的理论方法。传统定位理论的市场逻辑对于当下的年轻人来说，已经没有那么明显的功效，但在一些领域定位理论依旧发挥着它的作用，只是对于强大的新的消费群体90后来说，他们需要更加快速叠加的营销方法帮助他们更好地理解他们所处的这个时代。

从来不觉得出版这本《流量黑洞》之后自己就可以鼓吹自己是“流量理论派大师”，出这本书是基于2016年到2018年消费品市场和自媒体行业的快速变化和迭代，我想通过这本书为它们留下一点日后可以查阅的资料，我相信每个时代都会有人愿意为一些行业记载下一点东西，如果《流量黑洞》这本书里提到的品牌有不妥之处，还望大家多多指正。

营销是一个看似特别容易进入的行业，知道定位和4P就可以指导创业者的项目，我觉得营销底层的那些理论从未变化，变化的是对底层上面架构里的认知，能够让一个人在时间的长河里一直有价值就是认知，所以这本书通过70个不同品牌来对你们的认知做一次升级，这些在过去两年里真实发生在你们身边的每一个品牌，或多或少影响着你们的生活方式。

《流量黑洞》能够得到正式出版，除了要感谢中国铁道出版社有限公司领导的认可和大力支持外，还需要感谢以下这些人对我的支持和影响（排名不分先后）：崔丽丽、徐位东、关健明、李海峰、行动派琦琦、刘厂长、Alex Pan、梁译、杨小钟、贾烽、小荻、匿白、黎德国，谢谢你们幕后给予这本书的无私帮助，真心谢谢你们。

谢谢父母从小给了我很多的书籍，让我通过阅读理解这个世界，感谢爱我的人和我爱的人，也谢谢拒绝我这本书的人，因为这让我知道自己还有很多不足的地方需要成长。

如果你们对于品牌有什么更多想说的话，也欢迎和我聊聊，也许你的观点会出现在下一本书里面。最后谢谢这个时代给予我们这样普通的人发光的机会。